Theorien der Empathie zur Einführung

Susanne Schmetkamp

Theorien der Empathie zur Einführung

JUNIUS

Für Lisa, Nik, Tony und Karlo

Junius Verlag GmbH
Stresemannstraße 375
22761 Hamburg
www.junius-verlag.de

Umschlaggestaltung: Florian Zietz
Titelbild: © Eline Keller-Sørensen
Satz: Junius Verlag GmbH
Printed in the EU 2019
ISBN 978-3-96060-310-8

Bibliografische Information der Deutschen Nationalbibliothek
Die Deutsche Nationalbibliothek verzeichnet diese Publikation in der Deutschen Nationalbibliografie; detaillierte bibliografische Daten sind im Internet über http://dnb.dnb.de abrufbar.

Zur Einführung …

… hat diese Taschenbuchreihe seit ihrer Gründung 1977 gedient. Zunächst als sozialistische Initiative gestartet, die philosophisches Wissen allgemein zugänglich machen und so den Marsch durch die Institutionen theoretisch ausrüsten sollte, wurden die Bände in den achtziger Jahren zu einem verlässlichen Leitfaden durch das Labyrinth der neuen Unübersichtlichkeit. Mit der Kombination von Wissensvermittlung und kritischer Analyse haben die Junius-Bände stilbildend gewirkt.

Seit den neunziger Jahren reformierten sich Teile der Geisteswissenschaften als Kulturwissenschaften und brachten neue Fächer und Schwerpunkte wie Medienwissenschaften, Wissenschaftsgeschichte oder Bildwissenschaften hervor. Auch im Verhältnis zu den Naturwissenschaften sahen sich die traditionellen Kernfächer der Geisteswissenschaften neuen Herausforderungen ausgesetzt. Diesen Veränderungen trug eine Neuausrichtung der Junius-Reihe Rechnung, die seit 2003 von der verstorbenen Cornelia Vismann und zwei der Unterzeichnenden (M.H. und D.T.) verantwortet wurde.

Ein Jahrzehnt später erweisen sich die Kulturwissenschaften eher als notwendige Erweiterung denn als Neubegründung der Geisteswissenschaften. In den Fokus sind neue, nicht zuletzt politik- und sozialwissenschaftliche Fragen gerückt, die sich produktiv mit den geistes- und kulturwissenschaftlichen Problemstellungen vermengt haben. So scheint eine erneute Inventur der Reihe sinnvoll, deren Aufgabe unverändert darin besteht, kompetent und anschaulich zu vermitteln, was kritisches Denken und Forschen jenseits naturwissenschaftlicher Zugänge heute zu leisten vermag.

Zur Einführung ist für Leute geschrieben, denen daran gelegen ist, sich über bekannte und manchmal weniger bekannte Autor(inn)en und Themen zu orientieren. Sie wollen klassische Fragen in neuem Licht und neue Forschungsfelder in gültiger Form dargestellt sehen.

Zur Einführung ist von Leuten geschrieben, die nicht nur einen souveränen Überblick geben, sondern ihren eigenen Standpunkt markieren. Vermittlung heißt nicht Verwässerung, Repräsentativität nicht Vollständigkeit. Die Autorinnen und Autoren der Reihe haben eine eigene Perspektive auf ihren Gegenstand, und ihre Handschrift ist in den einzelnen Bänden deutlich erkennbar.

Zur Einführung ist in der Hinsicht traditionell, dass es den Stärken des gedruckten Buchs – die Darstellung baut auf Übersichtlichkeit, Sorgfalt und reflexive Distanz, das Medium auf Handhabbarkeit und Haltbarkeit – auch in Zeiten liquider Netzpublikationen vertraut.

Zur Einführung bleibt seinem ursprünglichen Konzept treu, indem es die Zirkulation von Ideen, Erkenntnissen und Wissen befördert.

Michael Hagner
Ina Kerner
Dieter Thomä

Inhalt

I. Reisevorbereitung

Es steht also für ein Eindringen,
für eine Art Reise.
(Leslie Jamison 2014: 19)

I.1 Einleitung

Die Schriftstellerin Leslie Jamison vergleicht Empathie in ihrem Buch *Die Empathie-Tests* mit einer Reise in die inneren Erlebnisse anderer Menschen (Jamison 2014). Eine solche Reise wollen wir im Folgenden gleichsam in die Theorien der Empathie unternehmen. Empathie, so meint Jamison, ermögliche ein *Eintauchen* in fremde Welten, manchmal sei sie aber auch ein *Eindringen*. Gehen wir zunächst von einer positiven Sicht aus und begreifen Empathie als einen sinnvollen Weg, die Erfahrungen anderer Personen nachzuvollziehen und sie sich verständlich zu machen. »Nachzuvollziehen« kann unter anderem meinen, dass wir etwas vor unserem inneren Auge ablaufen lassen; wenn wir aber sagen »ich kann das gut nachvollziehen«, meinen wir damit oft auch, dass wir etwas gut *verstehen* können oder *Verständnis* haben. Die heutige Empathie-Debatte ist nicht zuletzt von einigen Unklarheiten dahingehend betroffen, was Empathie genau umfasst und was »nachvollziehen« und »verstehen« impliziert.

Nehmen wir an, eine Freundin erzählt uns von einem sehr unerfreulichen Erlebnis, das ihr widerfahren ist. Sie ist in ihrer Erzählung noch so aufgelöst, dass sie kaum sachlich berichten kann. Sie erzählt von ihren damaligen Emotionen[1] und zugleich ist sie immer noch oder erneut stark ergriffen. Wir sind als Zuhörer*in und Freund*in mit diesen Emotionen konfrontiert. Aber mit welchen genau? Und was ist unsere »Aufgabe« dabei? Es ist, so viel lässt sich sagen, eine emotional komplexe Situation: Denn es geht dabei erstens um *vergangene* Emotionen, die unsere Freundin einst erlebt hat und nun in der erinnernden Erzählung wieder aufruft; es sind damit zweitens mehr oder weniger *wiederbelebte* Emotionen im Spiel, denn die Freundin berichtet nicht nur kühl von ihren vergangenen Emotionen, sondern erlebt sie noch einmal, wenn auch auf andere Weise als damals: Denn da die Situation vorbei ist, ist auch die Art und Struktur der (wiederbelebten) Gefühle anders. So wie man nach Heraklit nie zweimal in den gleichen Fluss steigen kann, sind erinnerte Gefühle nie dieselben wie die einst erlebten; drittens ist die Situation wahrscheinlich mit neuen *Metagefühlen*, übergeordneten Gefühlen aufgeladen: Unsere Freundin bringt in ihrer Erzählung des erlittenen Unrechts und der damaligen Gefühle auch ihre jetzige Empörung über das Ganze zum Ausdruck. Diese Empörung ist nicht gleichzusetzen mit der empfundenen Verletzung damals und auch nicht mit der wiederbelebten Emotion, sondern sie ist ein Gefühl *über* diese Verletzung. Die Frage ist nun: Wie und worauf reagieren wir bzw. sollen wir reagieren angesichts der emotionalen Komplexität der Situation?

Solche komplexen Situationen sind – gerade in Nahbeziehungen wie Freundschaften, in denen sich Freund*innen wechselseitig ins Vertrauen ziehen – in unserem zwischenmenschlichen Miteinander nichts Ungewöhnliches. Wir sind in unserem Alltag zwar oft auch mit einfachen affektiven Situationen konfrontiert: etwa, wenn wir beobachten, wie ein Autofahrer eine Radfahrerin wütend anbrüllt. Dies sind aber Kontexte, in denen wir kognitiv und imaginativ nicht besonders viel leisten müssen; wir werden solche Situationen in der Regel sehr rasch und oberflächlich interpretieren und beurteilen, auf der Grundlage bestimmter psychologischer Muster, sozialer Konventionen oder eigener Erfahrungen, anhand deren wir die Situation relativ spontan deuten können. Wenn wir aber in komplexeren Gefühlssituationen mit einer anderen Person entweder als adressierte Zuhörerin, als engagierte Betrachterin oder als direkte Teilnehmerin involviert sind, so sind wir aufgefordert (oder sollten uns aufgefordert fühlen), dem Erleben des Anderen genauer nachzugehen und zu verstehen zu versuchen, was vorgeht oder vorgegangen ist.

In unserer Rolle als Freund*in, um das Beispiel wieder aufzugreifen, sind wir in dem Moment etwa aufgefordert, unserer Freundin bzw. ihrer Erzählung zuzuhören. Nicht nur gehört es wohl zur Normativität von (insbesondere engeren) Freundschaften, dass wir uns aufmerksam unserer Freundin widmen. Es gehört auch zu unseren sozialen Kommunikationskonventionen, dass, wenn jemand uns adressiert, wir uns zumindest aufgefordert fühlen können, darauf in irgendeiner Weise zu reagieren. Dennoch bleiben uns gewisse Freiheiten, *wie* wir darauf reagieren: Wir können versuchen, zunächst neutral zu bleiben, und uns erst einmal nur dem Gespräch und seinem Inhalt zuwenden. Wir können zuhören, aber vielleicht ablehnend oder negierend reagieren. Wir können zustimmen. Oder wir können moralische Mitgefühle empfinden. Oft sind wir jedenfalls in solchen Situationen auch selbst emotional in irgendeiner Weise involviert.

Das Beispiel ist nur eines unter sehr vielen, die das Thema der Empathie aufwerfen. Wir sind permanent mit den Erfahrungen, Gefühlen und Handlungen Anderer konfrontiert, und der Erfolg unseres sozialen Zusammenlebens hängt davon ab, ob wir Andere gut verstehen können. Manchmal sind wir gar nicht selbst in eine Situation involviert oder bekommen etwas nicht in der direkten Begegnung erzählt. Oft sind es gerade die indirekten

Kommunikationen und Erzählungen, die unser empathisches Vermögen vor Herausforderungen stellen. Dabei ist zum einen an fiktionale Narrative zu denken, aber auch an die Zunahme der digitalen und dabei vor allem der sozialen Kommunikation: Wie vielfältig und wie missverständlich sind gerade Mitteilungen per E-Mail, WhatsApp oder Facebook?

Es stellt sich auch die Frage nach der *Funktion* der Empathie: Worum geht es bei der Empathie eigentlich? Um ein Miteinanderfühlen? Um ein verstehendes Nachvollziehen oder um ein Verständnis-Haben? Sowohl in unserer Alltagssprache als auch im fachwissenschaftlichen Diskurs besteht eine Schwierigkeit nicht nur darin, dass die Beispiele oft wie am Reißbrett entworfen werden, sondern auch und vor allem darin, dass der Begriff so mehrdeutig verwendet wird. In den vergangenen drei Jahrzehnten hat sich Empathie als ein Modebegriff etabliert, der inzwischen möglicherweise schon so weit ausgefranst ist, dass er seine eigentliche Bedeutung und Bedeutsamkeit zu verlieren droht. Als Phänomen aber sollte Empathie in jedem Fall weiter untersucht werden, es sind noch viele Fragen offen. Ein Abebben der Diskussionen darum, was Empathie ist, sein kann und sein soll, ist daher auch nicht zu erwarten. Dieses Buch soll einen Überblick über die Debatte und ihre historischen Vorläufer bieten. Es soll helfen, den Begriff zu schärfen, die Kontexte, die Reichweite und die Grenzen der Empathie aufzuzeigen.

Was ist und leistet Empathie?

Empathie gilt als eine der wichtigsten Fähigkeiten des Menschen. Wir können sie zumindest grob als das *Vermögen* definieren, sich mit Affekten und Emotionen verbundene Situationen anderer Menschen zu *vergegenwärtigen*, um diese – die Emotionen, die Situationen, die Menschen – zu *verstehen*. Viele meinen, sie sei mit einem Teilen der Emotionen der Anderen verbunden, wobei der Andere, mit dem wir empathisieren, die Ursache unseres Gefühls sei: »Grob formuliert heißt Empathie, dass ich mich so und so fühle, weil du dich so und so fühlst.« (Neill 2017: 41) Gemäß alltagsprachlicher Verwendung und auch nach einigen zentralen Theorien wird mit Empathie ein anteilnehmendes *Mitfühlen* dessen verbunden, was die andere Person fühlt. Unter einer empathischen Person verstehen wir gemeinhin einen Menschen, der sich besonders *gut* in Andere hineinversetzen und mit ihnen mitfühlen kann. Aber ist das überhaupt in eins zu setzen: sich gut hineinversetzen und mit jemandem mitfühlen? Und was genau geht da in uns vor? Wozu sollen wir diese Fähigkeit eigentlich einsetzen? Blickt man allein in aktuelle Medienberichte und populärwissenschaftliche Sachbücher, wird Empathie von manchen als unabdingbarer Kitt der Gesellschaft betrachtet, als die affektive Verbindung mit dem Leiden der Anderen oder auch als eine notwendige Tugend gegen einen zunehmendraueren und respektloseren Ton in unserer Gesellschaft, Stichwort: Shitstorms. Für einige ist Empathie eine angeborene Fähigkeit, für andere etwas, das man lernen und verbessern kann. Manche sehen in ihr eine epistemisch und emotional bereichernde Möglichkeit des Perspektivenwechsels, die auch strategisch wertvoll sein kann. Der US-amerikanische Soziologe und Ökonom Jeremy Rifkin hat unlängst einen Zukunftsentwurf der empathischen Zivilisation vorgelegt, in dem er der Empathie eine zentrale Funktion für Wirtschaft, Politik und Gesellschaft zuschreibt (Rifkin 2010). Über unsere empathische Fähigkeit könnten wir uns insoweit in Andere hineinversetzen, dass wir die Konsequenzen ihrer und unserer intersubjektiven Handlungen abzuschätzen in der Lage seien. Das sei wichtig für Kooperationen, Verhandlungen, Prognosen. Aber auch für Anstand und Moral. Empathisch zu sein heißt dann nicht nur, verständnisvoll, sensitiv und aufmerksam zu sein, sondern auch, besonders gut mit Anderen mitfühlen zu können, meistens in Bezug auf Schicksale, psychische Schmerzen, negative Erfahrungen. Eine prosoziale Haltung und die Motivation zu helfen seien dabei impliziert.

Ein paradigmatisches Beispiel für das gesteigerte öffentliche Interesse an Empathie ist die Flüchtlingskrise 2015. Einige Aufnahmeländer und ein großer Teil ihrer Bevölkerung galten plötzlich als überdurchschnittlich empathisch, weil sie mit den Geflüchteten mitfühlten und ihnen halfen. Vor allem Deutschland galt als »Empathie-Nation Nummer 1« (Breithaupt 2017: 140). Nicht zuletzt die sozialen Medien tragen dazu bei, dass Menschen am Schicksal Anderer, auch weit entfernt lebender Mitmenschen teilnehmen (Rifkin 2010). Skeptisch wendeten dagegen einige ein, dass gerade das Internet mit seiner Masse an Bildern und Videos auch zu Überforderung und Abstumpfung führten oder dass manche sich in der eigenen Empathie suhlten (Breithaupt 2017). Und interessanterweise fiel der Begriff im viel diskutierten Beispiel der Rettungsaktion durch die Kapitänin Carola Rackete im Sommer 2019 wenig: Sie wurde eher als Kantianerin gefeiert, die ihrer Pflicht des Respekts gegenüber der Würde der betroffenen Menschen nachgekommen sei. Es gibt Kritiker*nnen, die in der Empathie eine falsche Haltung sehen, die zum Gegenteil der eigentlich gewünschten Konsequenzen führen könne. Für einige ist sie nicht nur positiv konnotiert, sondern auch mit Grausamkeit verknüpfbar und keineswegs ein hinreichender Weg zum besseren *moralischen* Miteinander; auch ein Egoist, Narzisst oder Sadist könnte ein empathischer Mensch sein (Bloom 2016; Breithaupt 2017).

Don't believe the hype?

Wie ist Empathie überhaupt zu einer solchen Bedeutung gekommen? Ein gesteigertes wissenschaftliches Interesse an dem Phänomen ist vor allem seit der zufälligen Entdeckung der sogenannten Spiegelneuronen durch ein italienisches Forscherteam Anfang der 1990er Jahre in Parma zu konstatieren. Nach der Theorie der Spiegelneuronen (Di Pellegrino et al. 1992) »spiegeln« wir das Verhalten und die Gefühle anderer Leute in unserer Umgebung. Wir reagieren dabei automatisch mit eigener neuronaler Aktivität auf etwas, das wir nur beobachten: Wenn jemand eine andere Person schlägt, so würden auch bei der Beobachterin Hirnareale aktiviert, wie wenn sie den sensomotorischen Vorgang selbst erlebte. Entdeckt wurde dies zufällig bei einfachen Handlungen von Makakenaffen: Untersucht werden sollte ursprünglich, wie Neuronen im Prämotorcortex einzelne Greifhandlungen der Affen nach kleinen oder großen Dingen steuern. Mithilfe von Mikroelektroden wurde die elektrische Aktivität der Zellen gemessen, während die Affen eine solche Greifhandlung – den Griff nach einer Rosine etwa – ausführten. Zufällig ergab es sich, dass die Zellaktivität auch gemessen wurde, als einer der Forscher nach einer Rosine griff, während ein Affe bloß zuschaute. Dabei reagierten die Zellen genau so wie in der zuvor gemessenen eigenen Handlungsausführung des Affen (Keysers 2011: 16).

Die Entdeckung hat einen Hype ausgelöst, und es schien beinahe alles Zwischenmenschliche damit erklärbar zu sein: »Die Spiegelneuronen liefern eine Antwort. [...] Spiegelneuronen machen aus uns – im Guten wie im Bösen – zutiefst soziale Wesen«, so meint etwa der Hirnforscher Christian Keysers, der überzeugt ist, dass sich das Konzept der Spiegelneuronen aus den Parma-Studien auch auf die Emotionen anwenden lässt (Keysers 2011: 14). Spiegelneuronen würden uns nicht nur helfen, andere Menschen zu verstehen, sondern lieferten uns auch »neue Antworten auf sehr alte Fragen – beispielsweise wie die Evolution die menschliche Sprache hervorgebracht hat und in welcher Beziehung unser Körper zu unserem Denken steht« (ebd.).

Es ist aber höchst umstritten, ob und inwieweit man die Vorgänge auf die zwischenmenschliche Resonanz komplexer Emotionen und auf soziale Kognition, zwischenmenschliches Verstehen im sozialen Raum, tatsächlich übertragen kann. Kann man mit ihnen alle Formen von Mitgefühlen erklären? Schließlich ist die emotionale Ansteckung – beispielsweise die Gefühls- und Stimmungsübertragung bei einer Beerdigung – epistemisch und phänomenologisch sicher nicht ohne Weiteres gleichzusetzen mit dem Verstehen der Gefühle Anderer und ihrer Gründe. Auch wissen wir wohl alle aus alltäglicher Erfahrung, dass wir nicht auf jede Person in unserer Umgebung »spiegelnd« reagieren, sondern dass wir sehr genau selektieren, auf wen wir unsere Aufmerksamkeit und unser Bedürfnis zu verstehen lenken. Und greift die Spiegelmetapher überhaupt dafür, dass wir etwas Gleiches fühlen können? Wenn ich einer anderen Person gegenüberstehe und mich spiegelbildlich mit ihren Bewegungen synchronisiere, so bewege ich de facto nicht die gleichen Gliedmaßen: Wenn mein Gegenüber sein rechtes Bein hebt, so hebe ich das linke: aus *meiner* Perspektive eine *andere* Körpererfahrung. Gleich wäre es, wenn ich mich spiegel*verkehrt* bewege und dabei die Perspektive meines Gegenübers *einnehme*.

Skeptisch macht einige Kritiker vor allem, dass die Spiegelneuronen eine Erklärung abgeben sollen nicht nur für kontagiöses Resonanzverhalten auf Stimmungen und ausdrucksstarke Emotionen, sondern für »alle möglichen Phänomene [...]: die menschliche Sprache, Imitation, soziale Wahrnehmung, Empathie, Gedankenlesen, Wertschätzung für Musik und Kunst, das

Mitfiebern von Zuschauern bei Sportveranstaltungen, aber auch Stottern und Autismus« (Hickok 2015: 10).

Der Versuch einer Definition

Also was ist Empathie? Ist sie das Wahrnehmen anderer Lebewesen als lebendige, selbstbewusste Kreaturen, ähnlich uns selbst? Ist sie das Nacherleben der Erfahrungen der Anderen? Oder ist sie ein Mitleiden und Mitfreuen mit ihren Emotionen und Stimmungen? Brauchen wir Empathie, um Emotionen Anderer mitfühlen zu können? Oder um Andere zu verstehen, das heißt ihr Fühlen und ihre Handlungsgründe zu verstehen? Zu all diesen Fragen werden in der Diskussion vielfältige Antworten geliefert. In der öffentlichen wie fachwissenschaftlichen Debatte ist nur eines gewiss: dass nur wenig Konsens darüber herrscht, wie der Begriff und das Phänomen genau eingegrenzt und wie der Prozess und das Ergebnis von Empathie bestimmt werden sollen. Der Psychologe Daniel Batson geht immerhin von acht verschiedenen, wenngleich verknüpften Phänomenen aus, die mit dem Begriff Empathie bezeichnet werden (2009). Ein Überblicksartikel in der Fachzeitschrift *Emotion Review* geht gar von 43 verschiedenen Definitionen aus Psychologie und Philosophie aus (Cuff et al. 2016). Darunter folgende (für alle Nachweise vgl. Cuff et al. 2016: 146 f. u. 151 f.):

- die Fähigkeit, den emotionalen Zustand oder Kontext einer anderen Person zu verstehen und zu teilen (Cohen/Strayer 1996)
- ein komplexer imaginativer Prozess, durch den ein Beobachter den situierten psychischen Zustand einer anderen Person simuliert, dabei aber die Selbst-/Anderer-Unterscheidung klar aufrechterhält (Coplan 2011)

- die Fähigkeit, zu erfahren und zu verstehen, was jemand anderes fühlt, ohne dabei sich und Andere zu verwechseln (Decety/Lamm 2006)
- das imaginative Sich-Hineinversetzen in das Denken, Fühlen und Handeln eines Anderen; dabei wird die Welt so strukturiert, wie dieser sie sieht (Dymond 1949)
- der Versuch eines sich selbst bewussten Selbst, die positiven und negativen Erfahrungen eines anderen Selbst unvoreingenommen nachzuvollziehen (Wispé 1986)
- eine basale, irreduzible Form der Intentionalität, welche sich auf die Erfahrungen Anderer richtet (Zahavi 2008)

Ob dies alles distinkte Definitionen sind oder ob einige von ihnen nicht einfach *Dimensionen* einer gemeinsamen Definition repräsentieren, sei hier dahingestellt. Ein Minimalkonsens hinsichtlich der Definition besteht darin, dass zur Empathie mindestens folgende Kriterien gehören: 1. die Wahrnehmung eines situationalen Zustandes inklusive der darin involvierten mentalen Prozesse einer anderen Person: Zu den mentalen Prozessen gehören Affekte im weitesten Sinne, also körperliche Empfindungen, komplexe geistige Emotionen sowie Stimmungen; ferner Überzeugungen, Wünsche, Handlungsgründe. 2. der Nachvollzug dieses situationalen Zustandes; wie dieser Nachvollzug zu beschreiben ist, ist allerdings ebenfalls Streitpunkt: ob perzeptiv, leiblich, kognitiv, imaginativ, affektiv. 3. Das dritte Kriterium für Empathie ist, dass es eine klare Unterscheidung zwischen dem empathisierenden Subjekt (Ich) und dem eingefühlten Subjekt (Du) geben muss.

I.2 Reiseplan: Die Theorienlandschaft

Begriffs- und Theoriegeschichte

Empathie stammt von dem griechischen Wort *empátheia*, das sich zusammensetzt aus dem Präfix »em« für »in«, »bei« oder »mit« sowie dem Wort »pátheia«, das Empfindung und Empfänglichkeit meint. Es würde also begriffsgeschichtlich passen, wenn heute darunter sowohl das Einfühlen als auch das Mitfühlen verstanden wird; die Frage ist nur, was dann *darunter* wieder genauer zu verstehen ist: Was heißt es, sich in etwas oder jemanden einzufühlen? Und müssen wir dasselbe mitfühlen? Können wir das überhaupt? In der Philosophie und der Psychologie verwendete man lange Zeit, vor allem im 19. und 20. Jahrhundert, in dem das Phänomen überhaupt erst systematisch in den Blick genommen wurde, den Begriff »Einfühlung« oder auch »Einfühlungsvermögen«. Ein der Einfühlung ähnliches Phänomen kannte man aber durchaus schon vorher unter dem Begriff des Mitgefühls oder der Sympathie.

Der Blick auf die Begriffs- und Theoriegeschichte muss also zunächst etwas weiter zurückgehen. Kaum ein Aufsatz oder Buch kommt ohne den Verweis auf David Hume (1711–1776) und Adam Smith (1723–1790) aus, welche bereits im 18. Jahrhundert die Fähigkeit des Menschen beschrieben, sich in andere Lebewesen, ja sogar in Tote hineinzuversetzen. Hume (vgl. Kap. II.1) verstand Sympathie als ein fundamentales Prinzip zwischenmenschlicher Kommunikation:

> »Keine Eigenschaft der menschlichen Natur ist, sowohl an sich, als auch in ihren Folgen bedeutsamer als die uns eigentümliche Neigung, mit anderen zu sympathisieren, und auf dem Wege der Mitteilung deren Neigungen und Gefühle, auch wenn sie von den unseren noch so verschieden, ja denselben entgegengesetzt sind, in uns aufzunehmen.« (Hume 1978: 48)

Die Bedeutung seines Sympathiebegriffs reicht von einer Ad-hoc-Zuneigung (und ist damit unserem deutschen Alltagsbegriff ›Sympathie‹ oder ›sympathisch‹ nahe) über das imitierende oder qua Imagination evozierte gefühlsübereinstimmende Mitfühlen, ferner über das Mitleid oder die Mitfreude über jemandes Unglück oder Glück bis hin zur Fremdscham im Sinne eines antipathischen oder sympathetischen Stellvertretergefühls. Hume ist, was die Ursachen der Sympathie betrifft, nicht eindeutig: Zum einen schreibt er, dass wir beim Anblick des Gefühls eines Anderen in uns das gleiche Gefühl auslösen, indem wir es spiegeln. Eine weitere Erklärung bietet die Vorstellungskraft, die auch Adam Smith betont: Wir stellten uns vor, wie wir an der Stelle des Anderen fühlen würden, und aus dieser Vorstellung heraus bildeten wir *ähnliche* Gefühle wie die der anderen Person. Bei Smith ist Sympathie klar an Moral gekoppelt: Seine Grundthese lautet, dass moralische Prinzipien und Handlungen aus unserer Natur als soziale Wesen resultierten und nicht aus rationalen Überlegungen. Vielmehr fühlten und agierten wir instinktiv zugunsten der Bedürfnisse Anderer und wollten deren Wohlwollen, motiviert durch den Anblick ihres Leids oder ihrer Freude.

Bei Wilhelm Dilthey (1833–1911) rückte dann der Begriff des Nachvollziehens und damit das *Verstehen* selbst als eine Voraussetzung des sozialen Miteinanders in den Mittelpunkt: Seinem hermeneutischen Ansatz zufolge erwächst unser Bedürfnis, Andere zu verstehen, aus den Interessen des praktischen Lebens und Zusammenlebens. Dilthey betonte dabei die Rolle von Geschichten für das Verstehen. Insbesondere die Dichtung und die Kunst seien Quellen eines lebhaften Vergegenwärtigens qua Imagination: Sie böten uns ein Nacherleben eines fremden Seelenlebens, und zwar nicht nur aktuellen, sondern auch vergangenen Erlebens.

Mehr oder weniger unabhängig von den vorherigen Diskussionen zu Sympathie und zum nachvollziehenden Verstehen hat sich dann erst Ende des 19. Jahrhunderts der Begriff der Einfühlung, und zwar zunächst in Bezug auf ästhetische Objekte entwickelt. Man verfolgte also ein ganz anderes Anliegen. Einer der maßgeblichen Philosophen und Psychologen, der dann den Begriff der »Einfühlung« einführte und mit seinem Ansatz die gesamte Debatte bis heute prägt, war Theodor Lipps (1851–1914).[2] Lipps entwickelte einen weit gefassten Begriff von Einfühlung, der sich auf unbelebte wie auf belebte Objekte bezog (vgl. Kap. I.4). Wir könnten uns, so Lipps, sowohl in Formen, Farben, Laute, Bewegungen als auch in andere Subjekte einfühlen (Voss 2009). Beides aber sei nur mithilfe einer Übertragung eingefühlter Empfindungen möglich: Da wir nämlich nach Lipps die mentalen Prozesse anderer Subjekte ebenso wenig direkt (er-)kennen können wie den »Zustand« eines Baumes – beides sei uns gewissermaßen verschlossen –, könnten wir nur von uns auf das Objekt unserer Einfühlung via einer *hinein*fühlenden Projektion schließen. Das täten wir, indem wir den jeweiligen Gefühlsausdruck mimetisch nachahmten und dann von dem dabei entstehenden Gefühl in uns selbst auf das des Anderen schlössen.

Neben Lipps und vor allem in kritischer Auseinandersetzung mit dessen Ansatz befasste sich Anfang des 20. Jahrhunderts die Phänomenologie mit der Frage des einfühlenden »Fremdverstehens«. Die Phänomenologie betont die Intersubjektivität und die direkte *Wahrnehmung* Anderer als Andere in ihrer Alterität. Gegen ein Analogieschluss- und Projektionsargument zum Beispiel, wonach wir von uns selbst auf Andere analogisch schließen, argumentieren etwa Edmund Husserl (1859–1938) und Edith Stein (1891–1942), dass Empathie eine Erfahrung eigener Art ist, über die uns die Erfahrungen Anderer *direkt* zugänglich sind. Empathie sei die Grundlage möglichen Wissens einer Welt außerhalb unserer selbst überhaupt, das heißt: Jede Art der Analogie oder Projektion würde erst einmal voraussetzen, dass ich Andere bereits als lebendige, beseelte Andere begreife. Stein, eine Schülerin Husserls, deren Dissertation *Das Problem der Einfühlung* in dieser Einführung näher erläutert wird, wendet gegen Lipps ein, dass es nicht zu einer Fusion mit dem Anderen komme, sondern dass wir als einfühlende Subjekte stets unterscheiden zwischen uns und den Anderen, deren und unseren Erlebnissen.

In der heutigen Debatte finden sich im Grunde alle historischen Vorläufer wieder: Humes Spiegeltheorie, Smiths Imaginationstheorie, Diltheys Hermeneutik, Lipps' Nachahmungstheorie und Steins bzw. Schelers Wahrnehmungstheorie. Es erweist sich als sinnvoll, die Darstellung der Gegenwartstheorien zunächst systematisch einzuleiten und zwischen Theorien kognitiver und affektiver sowie niedrigstufiger und höherstufiger Empathie zu unterscheiden. Schaut man in die verschiedenen Publikationen, wird deutlich, dass einige den Fokus mehr auf den kognitiven Nachvollzug legen oder das unmittelbare Verstehen (kognitive Theorien des Geistes, phänomenologische Theorien) und dass andere den affektiven Mitvollzug und das Mitfühlen betonen, ausgelöst durch einen emotionalen Stimulus (Resonanztheorien, affektive Simulationstheorien). Manche definieren Empathie als einen basalen, zum Teil als automatischen Nachahmungsvorgang, andere verstehen darunter einen anspruchsvollen und bewussten Prozess der Perspektiveneinnahme. Die Unterscheidungen zwischen kognitiver und affektiver, niedrigstufiger und höherstufiger Empathie sind für manche sozialen Kontexte relevant. Die meisten Ansätze jedoch sind auch hybrid oder pluralistisch in dem Sinne, dass sie dem empathischen Prozess sowohl kognitive als auch affektive Komponenten zuschreiben, dass sie in dem höherstufigen Prozess auch einen niedrigstufigeren involviert sehen oder dass sie die verschiedenen bestehenden Ansätze zu *einer* Stufentheorie zusammenzuführen versuchen.

Kognitive Empathie

Von kognitiver Empathie ist in der Diskussion die Rede, wenn es sich beim Fremdverstehen um einen rein kognitiven, nicht-affektiven Akt des Verstehens der Situation Anderer handelt, ohne dass also auf der Seite der empathisierenden Person Gefühle bzw. duplizierte affektive Zustände generiert würden. Standardansätze kognitiver Empathie gehören zur größeren »Theory of Mind« (vgl. Kap. III.2). Zentral sind hier die »Theory Theory« oder auf Deutsch »Theorie Theorie« (TT) sowie die »Simulationstheorie« (ST), wobei letztere unter Empathie nicht nur einen kognitiven, sondern auch einen affektiven Vorgang versteht. Beide Theorien gehen zunächst einmal grundlegend davon aus, dass der menschliche Geist nach bestimmten psychologischen Grundmustern funktioniert. Die beiden Theorien TT und ST unterscheiden sich aber im Hinblick darauf, wie sie jeweils den Prozess der Empathie begreifen. Die TT geht davon aus, dass wir andere Personen auf der Basis jener erwähnten allgemeinen alltagspsychologischen Theorie verstehen, oder anders gesagt: dass wir eine Theorie geistiger Zustände (Überzeugungen, Emotionen, Gründe) anwenden, die wir uns in der Kindheit angeeignet haben oder die angeboren ist. Dies ist ein kognitiver Vorgang. Die Simulationstheorie argumentiert, dass wir unseren eigenen Geist als Modell verwenden und dann induktiv von dort aus auf den Zustand der beobachteten Person projizieren. Dabei bildeten wir die Überzeugungen oder Emotionen anderer Personen (auch fiktiver Personen) in Form von »pretense«-Überzeugungen nach und spielten in einer Art »off-line«-Modus die Situation nach, um dann von da aus auf den Zustand der anderen Person zu schließen. Die meisten Simulationstheoretiker gehen davon aus, dass bei diesem simulativen Vorgang ähnliche Gefühle wie die der empathisierten Person evoziert werden. Die Simulationstheorie ist also auch einer affektiven Empathie-Theorie zuzuordnen.

Affektive Empathie

Affektive Empathie liegt dann vor, wenn wir als Empathisierende in emotionaler Weise auf die Gefühle einer anderen Person, und zwar deckungsgleich oder zumindest sehr ähnlich reagieren. Basale Resonanztheorien gehen etwa davon aus, dass wir den affektiven Zustand anderer Lebewesen unmittelbar erfassen und auch nach- bzw. mitempfinden. Wie oben angedeutet, gibt es aber auch die anspruchsvolleren Simulationstheorien, die von einem kognitiven Vorgang mit affektivem Gehalt ausgehen: Heidi Maibom (2017) definiert affektive Simulation etwas unelegant analytisch wie folgt: »Eine Person S empathisiert mit der emotionalen Erfahrung E einer Person O in einer Situation C, wenn S E für O fühlt, und zwar als Ergebnis der Überzeugung oder Wahrnehmung, dass O E fühlt oder indem S sich selbst in C vorstellt.« (Maibom 2017: 2) Wenn wir das Beispiel mit der Freundin vom Beginn dieser Einführung aufnehmen, würde der Empathievorgang dort so zu beschreiben sein: Wir (S) empathisieren mit unserer Freundin (O), die emotional aufgewühlt von einer schmerzvollen emotionalen Erfahrung (E) in einer vergangenen Situation (C) berichtet, wenn wir selbst (E) mit unserer Freundin fühlen. Dabei nehmen wir entweder die emotionale Wiederbelebung der Erfahrung (E) unserer Freundin als schmerzvoll wahr (oder sind zumindest davon überzeugt, dass die Erfahrung schmerzvoll ist); oder wir stellen uns vor, selbst in der Situation (C) gewesen zu sein. Bis auf einige phänomenologische Ansätze der direkten Wahrnehmung gehen die meisten heutigen Theorien davon aus, dass Empathie eine affektive Komponente enthält und dass die empfundene Emotion deckungsgleich oder ähnlich ist der Emotion der empathisierten Person; die interpersonale Ähnlichkeit der Gefühle wird als eine notwendige Bedingung angesehen (Jacob 2011).

Low-level und high-level

Die Unterscheidung zwischen einer niedrigstufigen und einer höherstufigen Empathie finden wir zwar schon bei Dilthey (Kap. I.3). In der neueren Debatte haben die Unterscheidung vor allem Alvin Goldman (2006) und Karsten Stueber (2006) in die Diskussion eingebracht. Man findet sie aber auch bei phänomenologischen Ansätzen (Gallagher 2017). Die »Low-level«- oder »Basic«-Empathie ist eine Art basales, automatisches Verstehen des Anderen, die höherstufige impliziert ein reflektiertes und aktives Überlegen.

Folgt man phänomenologischen Ansätzen, so ist die basale Empathie die unmittelbare Wahrnehmung des Ausdrucks der anderen Person und ihres direkten Kontextes, aber nicht im Sinne eines spiegelneuronalen Imitierens oder der Resonanz, sondern im Sinne einer grundlegenden, auf den Anderen orientierten direkten Wahrnehmung bzw. einer perzeptiven Erfahrung des Anderen *sui generis*, wie es bei Stein heißt, auf die sich heutige PhänomenologInnen beziehen (Zahavi 2014; Zahavi/Overgaard 2012). Sie ist eine Voraussetzung, den Anderen überhaupt als fühlenden Anderen zu begreifen. Hierzu seien, so die Phänomenologen, weder Resonanz noch anspruchsvollere Vorgänge – wie etwa solche der Imagination – notwendig. Eine höherstufige Empathie involviert einen anspruchsvolleren kognitiven Vorgang, eine bewusste Hinwendung zur Perspektive der anderen Person, möglicherweise eine imaginative Transposition. Während die niedrigstufige Empathie eher eine Form des unmittelbaren Mitfühlens oder direkten Wahrnehmens des kontextualisierten Ausdrucks der anderen Person meint, zielt die höherstufige Empathie auf ein anspruchsvolleres Verstehen von Perspektiven, Narrativen und damit verbundenen Gefühlen und Handlungsgründen des Anderen. Theorien höherstufiger Empathie finden sich in der Theorie des Geistes ebenso wie in der Phänomenologie. Die Simulationstheorie geht auf der höheren Stufe von einem anspruchsvollen, bewussten Reenactment oder einer Rekonstruktion der Situation einer anderen Person auf imaginativer Ebene aus (Goldman 2006; Stueber 2006).

Klassifizierung der Theorien: Schaubild

Vor dem Hintergrund der bisherigen Darstellung der historischen und zeitgenössischen Ansätze zur Empathie lassen sich grob folgende Ansätze unterscheiden:

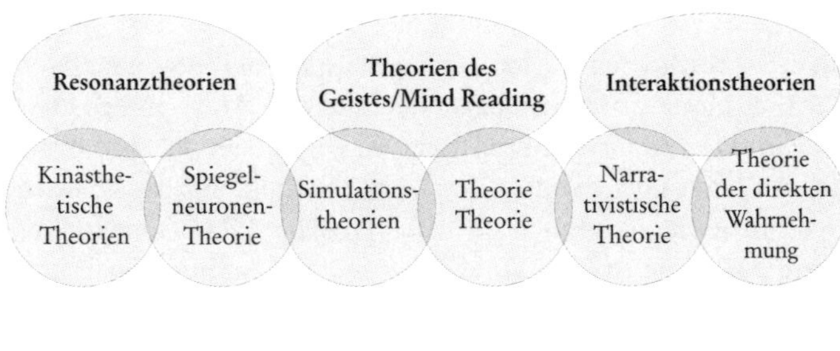

Wie in dem Schaubild zu sehen, unterscheide ich drei Theoriegruppen:

1. Resonanztheorien
2. Theorien des Geistes
3. Interaktionstheorien

In die erste Gruppe der Resonanztheorien gehören die Theorie der Spiegelneuronen sowie Theorien leiblicher oder kinästhetischer Resonanz. »Resonanz« ist ein Begriff aus der Musik und meint ein Mitschwingen von Instrumenten, wenn ein anderes angestimmt wird. Unter die zweite Gruppe der Theorien des Geistes subsumiere ich die Theorie Theorie und die Simulationstheorie. Beide gehen von einer alltagspsychologischen Theorie menschlicher mentaler Prozesse aus. Entweder verstehen sie Empathie als vornehmlich kognitiven Vorgang des Nachvollzugs oder als (zusätzlich) affektiven Prozess des Mitvollzugs. Die dritte Gruppe der Interaktionstheorien enthält phänomenologische Theorien der direkten Wahrnehmung und der intersubjektiven Narrativität. Sie stellen die zwischenmenschliche Interaktion in den Mittelpunkt. Wie im Schema dargestellt, gibt es zwischen den verschiedenen Untergruppen aber Überschneidungen. So integrieren etwa viele Simulationstheorien spiegelneuronale Erklärungsansätze. Auch gibt es viele hybride Theorien, die die ST und die TT oder die Spiegelneuronentheorie mit einer Interaktionstheorie kombinieren. Die einzelnen Ansätze werden in den Kapiteln II und III genauer erläutert.

I.3 Proviant: Die wichtigsten Differenzierungen

Im Folgenden werden einige Begriffe und Phänomene, die für das Verständnis der einzelnen Theorien wichtig sind, vorab geklärt, so dass die Leserin und der Leser für die Reise mit dem entsprechenden Equipment ausgestattet wird. Erläutert werden die Konzepte: Emotion, Perspektive, Ansteckung, Sympathie. Außerdem wird kurz dargelegt, mit wem wir eigentlich empathisieren; und schließlich wird das Verhältnis zwischen Empathie und Moral umrissen.

Emotionen

Empathie wird von vielen als die Fähigkeit des Verstehens und Teilens von *Emotionen* oder anderen *Empfindungen* verstanden. Im Folgenden werden die Begriffe »Empfindung« und »Affekt« als Oberbegriff für alle Formen von affektiven Regungen verstanden. Die Begriffe »Emotion« und »Gefühl« stehen für spezifische, komplexe mentale Empfindungen wie Angst, Stolz, Scham, Neid, Hass, Eifersucht, Trauer etc. Zu der Kategorie der mentalen Empfindungen gehören außerdem Stimmungen. Neben den mentalen Empfindungen kennen wir (rein) leibliche Empfindungen wie etwa den Zahnschmerz.

Emotionen oder (hier synonym) Gefühle gehören wie Überzeugungen, Wünsche, Gedanken, Handlungsmotive zur Klasse der mentalen Zustände und Prozesse. Dass es bei Empathie in irgendeiner Weise um Gefühle geht, steckt im Begriff der *empátheia.* Zwar stehen bei einigen Theorien zur Empathie auch die Überzeugungen oder Gründe für Handeln im Zentrum dessen, was anhand von Empathie oder – im weitesten Sinne – »mindreading« erfasst werden soll. Doch *erscheinen* uns die Überzeugungen oder Handlungsgründe Anderer oft dann, wenn sie sich zusammen mit Emotionen oder Stimmungen *ausdrücken* bzw. *vermitteln.* Wir *sehen* in der Regel ja nicht eine Überzeugung in jemandes Gesicht, sondern diese zeigt sich in einer bestimmten Weise in bestimmten Situationen, nämlich zum Beispiel dann, wenn Andere affektiv von etwas betroffen sind: Sehen wir jemanden, der sich vor einer Schlange erschreckt, so wird uns im

Wahrnehmen seines schreckhaften Gesichtsausdrucks auch seine Überzeugung gegenständlich, nämlich dass er der Überzeugung ist, die Schlange schade ihm oder sie stelle eine Gefahr dar. Einige Emotionsforscher*innen der Gegenwart gehen daher von einem Emotionsansatz aus, der Emotionen aus mehreren Komponenten zusammengesetzt sieht. Überzeugungen bzw. Bewertungen sowie Handlungsmotivationen sind einige dieser Komponenten, nämlich zum einen eine kognitive Komponente, zum anderen eine motivationale (Ben Ze'ev 2009; Hartmann 2005; Krebs 2015). Darauf werden wir gleich zurückkommen.

Ein Teil der Unklarheit in der Debatte um Empathie rührt jedenfalls daher, dass schon eine Ebene vor der Empathie-Definition kein Konsens herrscht, worüber eigentlich als Gegenstand der Empathie gesprochen wird und was beantwortet werden soll: Erstens wäre nämlich zu klären, ob man Empathie auf die affektive Ebene reduziert, und wenn man dies tut, ob dann nur auf komplexe Emotionen oder auch auf Stimmungen und Körperempfindungen; oder ob man Empathie auch unabhängig von Emotionen auf Überzeugungen und Gründe anwendet. Wir haben den Unterschied dahingehend bereits mit dem Begriffspaar kognitiv versus affektiv angedeutet. Zweitens wäre bei jeder Diskussion über affektive Empathie zu klären, welches Konzept von Affekten oder Emotionen zugrunde gelegt wird. Je nach Konzeption erscheint dann nämlich entweder ein resonanztheoretisches, ein simulationistisches oder ein interaktivistisches Empathie-Modell plausibler.

Es ist unmöglich, hier einen hinreichenden Überblick über die philosophische Debatte der Emotionen zu liefern. Es kann daher nur ein kurzer Abriss geboten werden, der eine Basis bildet, um die verschiedenen Theorien zur Empathie und bestimmte Begrifflichkeiten besser zu verstehen. Es gibt eine Vielzahl an unterschiedlichen Erklärungen dahingehend, was Affekte, Empfindungen, Emotionen, Gefühle und Stimmungen sind. Phänomenologisch betrachtet liegt es nahe, dass verschiedene affektive Phänomene oft auch als ein Cluster zusammen auftreten: Wer den Zahnschmerz fühlt, empfindet vielleicht auch eine Angst davor, dass es schlimmer werden könnte, und hat die Tendenz, den Schmerz beseitigen zu wollen oder ihn geduldig auszuhalten. Wer Furcht vor dem Zahnarzt hat (geistige Emotion), empfindet auch eine körperliche Reaktion, ein Zusammenziehen des Körpers oder eine Verstärkung des Zahnschmerzes. Es lässt sich daher oft nur grob analytisch eine Trennlinie ziehen zwischen geistigen und körperlichen Empfindungen, zwischen akuten Gefühlen und lang anhaltenden Stimmungen. Mehr noch: Auch Emotionen selbst treten in der Regel nicht vereinzelt, sondern gebündelt auf. Trauer kann von Schuld, Scham oder Wut begleitet sein. Was außerdem zur Komplexität der Affekte im weitesten Sinne und Emotionen im engeren Sinne beiträgt und was unsere Empathie darum so sehr herausfordert, ist, dass affektive Regungen und besonders Emotionen hochgradig individuell, persönlich und situativ sind und dass sie in verschiedenen Nuancen auftreten (Ben Ze'ev 2009: 15 ff.). Im Folgenden wollen wir uns aus Gründen der Komplexitätsreduktion auf die mentalen Empfindungen, also Emotionen und geistige Gefühle konzentrieren, weil meist diese als die Objekte der Empathie diskutiert werden. Entsprechend der Komplexität der Emotionen gibt es in der Gegenwartsphilosophie ein breites Spektrum an Theorien.

Ich gebe einen groben Überblick über folgende Ansätze:

1. Körper- und Empfindungstheorien
2. Urteilstheorien
3. Komponenten- und narrativistische Theorien
4. Enaktivistische Theorien

Die erste Klasse versteht Gefühle als physiologische Veränderungen. Sie wird auch als die »James-Lange-Theorie« bezeichnet, benannt nach dem Philosophen William James und dem dänischen Physiologen Carl Georg Lange, die diesen Ansatz etwa zeitgleich gegen Ende des 19. Jahrhunderts entwickelt haben. Die These ist: Wenn wir beim Anblick eines Löwen zittern, *ist* dieses Zittern unsere Furcht. Zu dieser Emotionstheorie passen sehr gut Empathie-Theorien emotionaler Ansteckung, zum Beispiel via spiegelneuronaler Imitation. Wir werden gleich noch sehen, inwiefern Ansteckung aber von Empathie in der Regel konzeptuell unterschieden wird. Die zweite Klasse der Urteils- oder »Appraisal«-Theorien dagegen konzentriert sich auf das Werturteil über eine Situation (»value judgment«), zum Beispiel wenn wir den Anblick des Löwen *als* bedrohlich bewerten (Solomon 1976; Nussbaum 2001). Diese auch als kognitivistisch bezeichneten Theorien führten insofern zu einer Wende in der Philosophie, als Emotionen von da an nicht mehr als etwas der Vernunft Entgegengesetztes betrachtet wurden, das man qua Reflexion in den Griff zu bekommen habe, sondern als etwas, das für unser Urteilsvermögen und unser Dasein in der Welt höchst bedeutsam ist und uns Orientierung bietet in der Welt. Anders ausgedrückt: Emotion und Vernunft, Fühlen, Denken und Urteilen wurden nunmehr als zusammenhängend betrachtet. Martha Nussbaum ist eine Vertreterin dieser kognitivistischen Urteilstheorien. Sie betont die Komplexität und Verschiedenartigkeit der einzelnen Emotionen und beschreibt die Furcht zum Beispiel wie folgt:

> »Um Furcht zu empfinden, muss ich [...] glauben, dass etwas Schlechtes bevorsteht, dass es nicht nur ein bisschen, sondern ziemlich schlecht ist, dass ich es nicht verhindern kann, dass andererseits mein Schicksal aber noch nicht besiegelt ist und eben nicht hundertprozentig klar ist, was kommen wird.« (Nussbaum 2004, zitiert nach Krebs 2015: 199)

Die kognitivistischen Theorien unterminieren jedoch die genuine Rolle des Körpers und der propriozeptischen (körperwahrnehmenden) Erfahrungen einer Emotionsepisode. Folgt man ihnen, lässt sich ein Gefühl auch nur auf ein Urteil – der Löwe ist bedrohlich – reduzieren, ohne dass körperliche Veränderungen wie ein Zittern oder ein Angespanntsein dabei eine *notwendige* Bedingung für das Vorliegen eines Gefühls spielen. Es liegt hier nahe, dass man ein Gefühl eines Anderen auch dann nachvollziehen kann, wenn man seine Überzeugung kognitiv erfasst und über diese theoretisiert, ohne dass man dabei etwas Gleiches *fühlt*.

Die dritte Klasse verknüpft im Grunde die erste und die zweite Klasse: Demnach – und das erscheint sehr plausibel – sind Emotionen zusammengesetzt aus mehreren Komponenten, nämlich einer intentionalen Komponente (kognitive, evaluative und imaginative Repräsentation *von etwas*), einer behavioral-motivationalen Komponente (Körperausdruck, Verhalten, Handlungsbereitschaft), einer Empfindungskomponente (phänomenale Qualität des Fühlens im Körper) und gegebenenfalls einer Lust- oder Unlustkomponente (Valenz, hedonische Komponente). Narrative Erweiterungen der Komponententheorien sehen Emotionen als narrativ verfasst und nacherzählbar: Die Komponenten lassen sich wie eine Erzählung zu einer zeitlich-dramaturgischen und thematischen Sinneinheit zusammenfügen (Voss 2004). Auch hier werden Emotionen als höchst subjektiv und für die fühlende Person existenziell bedeutsam verstanden. Eine solche Konzeption scheint für höherstufige Formen der Empathie geeignet, die einen anspruchsvolleren Nachvollzug in Form einer Simulation oder einer narrativen Vergegenwärtigung der mentalen Prozesse und Erfahrungen einer anderen (realen oder fiktiven) Person, ihres Narrativs und ihrer Perspektive impliziert. Die vierte Klasse schließlich umfasst eine noch relativ junge

Gruppe von Gegenwartstheorien, welche Emotionen a) als verkörpert und b) als interaktiv auffasst. Diese Theorien rekurrieren durchaus auch auf historische Wurzeln, nämlich vor allem auf die Phänomenologie und den Pragmatismus, haben sich aber vor allem in den letzten Jahren als eigene »Philosophie der Verkörperung«, wie auch eine aktuelle Anthologie heißt, herauskristallisiert (Fingerhut et al. 2013). Sie sehen den menschlichen Geist nicht von seinem Körper getrennt, sondern als *verkörpert* (»embodied«), *eingebettet* in seine Umwelt (»embedded«), als *ausgedehnt* in Objekte/Gegenstände (»extended«) und als *enaktiv/hervorbringend* (»enactive«). Wichtig für die Frage nach dem Wesen und Wirken von Emotionen sind hier mindestens zwei Aspekte: erstens, dass Subjekte immer In-der-Welt sind und in ihr von einem subjektiven Standpunkt aus interagieren, und zweitens, dass sich Emotionen in der gelebten Praxis mit Anderen entwickeln und verändern. Eine solche Theorie passt entsprechend zu einer Empathie-Theorie, die Verkörperung, Interaktion und Dynamik auch als elementar in der Beziehung zwischen einem empathisierenden und einem empathisierten Subjekt ansieht und die Relationalität der Empathie hervorhebt, wie es in den phänomenologischen und interaktionistischen Ansätzen geschieht. Kurzum: Zum Verständnis der folgenden Darstellungen der verschiedenen Empathie-Theorien ist es hilfreich, zumindest auch ein grobes Verständnis der verschiedenen Ansätze zur Erklärung von Emotionen zu haben und im Blick zu behalten, dass manche Positionen Emotionen als Körperveränderungen, andere als Überzeugungen, wieder andere als narrativ oder als dynamisch-interaktiv verfasst sehen. Bei der Suche nach der überzeugendsten Theorie der Empathie müssen die Leserinnen und Leser also im Grunde auch eine für sie plausible Theorie der Emotionen herausfinden.

Zum Schluss ist noch ein weiterer, von den eben kurz dargestellten Klassen von Emotionstheorien relativ unabhängiger Aspekt zu nennen, der für die im Weiteren behandelten Fragen und Theorien zur Empathie wichtig ist, nämlich dass Emotionen mit der *Zäsur* einer Situation verbunden sind: »Emotionen treten typischerweise auf, wenn wir eine signifikante positive oder negative Veränderung in unserer persönlichen Situation wahrnehmen.« (Ben Ze'ev 2009: 21) Im Hinblick auf Empathie bedeutet das: Die Emotionen Anderer nehmen wir auch *in* einer oder *als* eine Situationsveränderung wahr. Wir reagieren auf der Straße auf den plötzlichen Schrecken im Gesicht eines Anderen, der vorher nur im Strom der Masse an uns vorbeigezogen ist, ohne dass wir uns empathisch auf ihn bezogen hätten. Wir würden ja völlig überfordert werden, wenn wir uns auf jeden Menschen in unserem Umfeld empathisch einlassen würden, ohne dass es dafür einen Auslöser gibt. Stattdessen reagieren wir so, wie wir mit unserer Aufmerksamkeit auf handlungsrelevante Stimuli unserer Umgebung reagieren, auch mehr oder weniger selektiv und mehr oder weniger aktiv mit unserer Fähigkeit der Empathie auf das, was *salient* ist, also heraussticht. Empathie wird dann gleichsam durch eine wahrgenommene Emotionserfahrung des Anderen überhaupt erst in Gang gesetzt. Das weiter gefasste »mindreading« könnte man gleichsam als durch einen akteursbezogenen Akt motiviert betrachten, der auf einer aktiven Hinwendung basiert, aber nicht notwendig durch eine emotionale Situationsveränderung bei einer anderen Person hervorgerufen wird: Im Straßenverkehr will und muss ich als Teilnehmer*in, zum Beispiel als Fußgänger*in, wissen, was die Anderen vorhaben; wenn ich auf den Autofahrer blicke, weil ich wissen will, ob er stehen bleibt; und wenn ich dann wahrnehme, dass der Autofahrer auf die grüne Fußgängerampel blickt, dann schließe ich, dass er weiß, dass er nun warten muss, und ich gehe davon aus, dass ich die Straße überqueren kann. Um von seinem Blick auf seine Überzeugung zu schließen, müssen weder auf seiner noch auf meiner Seite Emotionen im Spiel sein. Entsprechend sind auch Theorien des Geistes wie die TT und die ST nicht auf Emotionen beschränkt, sondern beziehen sich auch auf andere mentale Modi wie etwa Überzeugungen, Wünsche, Handlungsgründe.

Perspektive

Es ist im Vorfeld bereits angeklungen, dass manche Theorien der Empathie diese mit einer Perspektiveneinnahme verbunden sehen. Eine Schwierigkeit in der Debatte besteht darin, dass nicht ganz klar ist, was eine Perspektive ist und was es bedeutet, die Perspektive einer anderen Person einzunehmen. Da der Begriff der Perspektive außerdem im Hinblick auf unsere Empathie mit fiktionalen Charakteren in Literatur und Film wichtig ist und die vorliegende Einführung diesem Bereich ein ausführliches Kapitel widmet, ist es sinnvoll, vorab eine kurze Erläuterung dieses Begriffs zu geben (Schmetkamp 2019).

»Perspektive« ist zum einen als ein raum-zeitlicher Standort zu verstehen; zum anderen steht das Konzept aber auch in einem metaphorischen Sinne für unser »In-der-Welt-Sein« – wie wir unsere Welt individuell erfahren, empfinden, bewerten. Objekte erscheinen uns stets in einer bestimmten Entfernung und aus einem bestimmten Winkel. Wir blicken immer in relativer räumlicher Distanz *auf etwas* in Raum und Zeit. Und wir ordnen auch weltanschaulich unsere Umgebung nach unseren Interessen, Gefühlen, Erfahrungen, Werten etc. ein. *Beide* Dimensionen sind in einer Diskussion zur Empathie im Sinne einer *Perspektiveneinnahme* zu berücksichtigen.

Für unsere Perspektive spielt die oben im Zusammenhang mit den Emotionstheorien erwähnte Verkörperung des Subjekts eine wichtige Rolle: Wir sind mit unserem Körper bzw. Leib eingebettet in eine Umwelt, die wir perspektivisch wahrnehmen (Hilgers/Koch 2017). Und obwohl wir eine eingeschränkte Sicht haben, können wir das, was wir von unserem Standort aus nicht sehen, dennoch vervollständigen. Entweder erschließen wir uns die nicht sichtbaren Seiten über den Verstand, über die Imagination oder, wie die Phänomenologie seit Husserl annimmt, über unsere direkte Wahrnehmung, die sich die nicht zu sehenden Seiten »appresentiert«, d.h. als co-präsentiert (Husserl 1952). Das impliziert, dass es noch andere Perspektiven auf ein Objekt gibt, die wir aber mit einbeziehen. Was wir aus unserer Perspektive nicht sehen, von dem nehmen wir implizit an, dass es von anderen Standorten aus gesehen werden kann (Thompson 2007: 384). Schon hier sollte wieder deutlich werden, dass es bei der Klärung der divergierenden Empathie-Theorien ebenso wie bei den Emotionen darauf ankommt, welche Ansicht man hier vertritt. Entsprechend wird man zu unterschiedlichen Ergebnissen kommen, was es heißt, sich die Perspektive einer anderen Person zu erschließen, sie zu imaginieren oder sie sich zu vergegenwärtigen (vgl. Kap. III.1–III.4).

Die zweite genannte Dimension der Perspektive als Metapher geht über die räumliche und perzeptiv-leibliche Orientierung und Ergänzung hinaus und bezieht sich auf die Verwendung des Begriffs im Sinne einer weltanschaulichen Haltung, wie sie sich in Werten, Erfahrungen, Emotionen, Präferenzen, Handlungen, Lebensweisen, Entscheidungen etc. widerspiegeln kann. In dieser indirekten Bedeutung verbinden wir mit der Perspektive eine bestimmte Sichtweise im Sinne einer Position oder Einstellung zur Welt im Ganzen oder in konkreten Situationen. Wenn wir zum Beispiel sagen: »Ich sehe die Sache ganz anders als du«, so meinen wir damit oft, dass wir sie moralisch oder politisch anders bewerten (nicht dass wir sie visuell anders wahrnehmen). Eine solche weltanschauliche Perspektive steht in einem komplexeren Zusammenhang von kognitiver, affektiver, erfahrungsbezogener und existenzieller Beurteilung und Erkenntnis. Auch muss sie sich nicht notwendig über die Zeit verändern. Wahrnehmungsperspektiven können durchaus punktuell und spontan-affektiv sein (wie ich jetzt aus dem Fenster der Bibliothek auf die Straßen blicke, scheinen mir diese stark befahren, und der Anblick der vielen Autos macht mich in diesem Moment nervös und fahrig). Darüber hinaus sind wir eingebettet in übergeordnete, globale Perspektiven, die relativ stabil, aber zugleich höchst subjektiv sind und unsere momenthafte Wahrnehmung beeinflussen (vielleicht habe ich eine grundsätzliche Aversion gegen den Autoverkehr, so dass mir die Straßen viel befahren *erscheinen*, obwohl es faktisch unterdurchschnittlich viele Autos pro Minute sind). Wenn wir mit Anderen empathisieren, wollen wir verstehen, wie sie die Welt sehen; und dies natürlich nicht nur so verstanden, dass wir durch ihre tatsächliche Brille die Welt betrachten wollen, sondern dass wir begreifen wollen, wie ihnen die Welt aus ihrer weltanschaulichen subjektiven, erfahrungsgesättigten Perspektive erscheint, wie sie einordnen, bewerten, erfahren.

Was eine Emotion oder was eine Perspektive ist, ist nicht das Einzige, was auf einer Reise in die Theorien der Empathie vorab geklärt werden muss. Eine andere begriffliche Klärung betrifft jene affektiven Phänomene, welche in der öffentlichen Diskussion oft mit Empathie gleichgesetzt werden und auch manche der Theorien entsprechend in die eine oder andere Richtung lenken: nämlich affektive Ansteckung und Mitleid (Sympathie). Im Folgenden sollen noch diese beiden Phänomene kurz erläutert und von der Empathie abgesetzt werden.

Emotionale Ansteckung

Die Gefühlsansteckung ist eine mechanistische Übertragung eines Gefühls oder einer Stimmung auf den Beobachter einer Situation. Die Ansteckung ist eine automatische Reaktion auf den Gesichts- und Körperausdruck von Personen, auf Stimmen, Geräusche, räumliche Atmosphären und kollektive Stimmungen. Die Psychologen Elaine Hatfield, John Cacioppo und Richard Rapson bestimmen die emotionale Ansteckung als die »Tendenz, automatisch Ausdrücke, Aussprachen, Körperhaltungen und Bewegungen Anderer nachzuahmen und zu synchronisieren« (Hatfield et al. 1992). Wer einer Gruppe von fröhlichen Personen begegnet, wird leicht von der heiteren Stimmung angesteckt, ohne dass die Beweggründe für die Stimmung der anderen Personen bekannt sein müssen. Wenn wir uns in einem Raum mit anderen Personen unwohl fühlen und die sprichwörtlichen »bad vibes« verspüren, dann ist dies ein typisches Beispiel für eine diffuse Ansteckung, bei der weder die Gründe noch die Objekte des affektiven Gehalts eines Kontextes klar auszumachen sind. Man wird *infiziert* wie von einem Virus. Gemeinhin wird die Ansteckung auch so definiert, dass hier zwischen dem fühlenden Beobachter und der eingefühlten Personen keine Differenz gemacht wird: Es wird nicht *nach*-, sondern spontan mitgefühlt. Im Moment der Ansteckung kann daher auch nicht von einem *Verstehen* der Gefühle der Anderen die Rede sein, da sie gar nicht als dezidiert den Anderen zugeordnete Gefühle gesehen werden.

Sympathie

Sympathie oder Mitleid/Mitgefühl unterscheiden sich von Empathie dadurch, dass sie in der Regel nicht als ein Einfühlen oder Mitfühlen, sondern als ein Fühlen-für oder Fühlen-über definiert werden: Das Objekt des sympathetischen Mitgefühls ist zwar ebenso wie im Fall der Empathie die Situation einer anderen Person, hat aber die Sorge um diese Person und das Bedürfnis um deren Wohlbefinden zum Inhalt (Darwall 1998; Thomä 2011: 21).[3] Ein zentraler Unterschied zwischen Empathie und Sympathie wird üblicherweise daran festgemacht, dass Sympathie eine emotionale Reaktion auf das Erkennen des emotionalen Zustands einer anderen Person ist und dass wir eine Sorge um den Anderen entwickeln und nicht seine Gefühle teilen. Ein weiterer zentraler Unterschied liegt darin, dass die Sorge mit einer moralischen Motivation verbunden ist, an der (misslichen) Lage des Anderen etwas zu ändern. Beim Mitleid tut es uns leid, dass eine andere Person in einem bestimmten Zustand ist – zum Beispiel leidet –, und wir möchten, dass dieses Leiden aufhört. Es wird zumeist als kontingent betrachtet, ob dem Mitgefühl Empathie vorausgeht oder nicht. Das kommt unter anderem darauf an, wie wir Empathie konzeptualisieren: Wenn wir sie als ein direktes und/oder imaginatives Nachvollziehen der Situation und mentalen Prozesse einer anderen Person verstehen, so kann sie durchaus eine wichtige Voraussetzung sein, ein der Person und der Situation adäquates Mitgefühl entgegenzubringen. Wer Mitleid mit einem Menschen im Rollstuhl hat, der seine Situation selbst aber nicht als problematisch und bemitleidenswert ansieht, hat offensichtlich ein falsches Mitleid. Wem die Kollegin leidtut, weil sie gleich eine Kündigung erfahren wird, von der sie derzeit aber noch nichts weiß, die sie aber emotional belasten wird, hat dagegen ein angemessenes *antizipierendes* Mitgefühl. Auch dieses beruht auf einem Nachvollzugsprozess und auf Hintergrundwissen über die Situation der Kollegin.

Greifen wir zur genaueren Erläuterung des Unterschieds auf ein Beispiel aus der fiktionalen Literatur zurück: Bei der Lektüre von Albert Camus' *Der Fremde* sind wir als Leser*innen wie bei jeder anderen Narration eingeladen, der Erzählung über die Ereignisse im Leben des Ich-Erzählers Mersault zu folgen. Wir lesen nicht nur neutral aneinandergereihte Buchstaben und Sätze, sondern nehmen eine zusammenhängende, fiktionale und imaginative Geschichte auf, deren Verlauf wir folgen. Mehr noch: Wir sind in dieser Rolle *aufgefordert*, die Ereignisse aus der *Perspektive* des Protagonisten nachzuvollziehen, was auch immer es involvieren mag, eine Perspektive nachzuvollziehen. Darum soll es hier noch nicht gehen, sondern um die Unterscheidung von Empathie und Sympathie. Denn Mersault ist nicht gerade eine Figur, deren Urteilen und Handeln jedem bekannt, vertraut oder sympathisch ist: Wir erleben ihn als einen eher emotionslosen, resignierten und den Ereignissen beinahe teilnahmslos gegenüberstehenden Charakter, der, wenn überhaupt, eher reagiert als agiert. Es gehört aber zur Grundstruktur unserer Lektüre, dass wir versuchen, ihn bzw. seine Erlebnisse *nachzuvollziehen*, andernfalls könnten wir die Lektüre auch gleich beenden. Was aber nicht notwendig gegeben sein muss, ist, dass wir uns mit dem Charakter in der Weise *identifizieren*, dass wir seine Gefühle und Handlungen zu unseren eigenen machen und ihnen epistemisch und evaluativ zustimmen. Der »Fremde« ist uns stellenweise so fremd, dass eine Identifikation verunmöglicht wird, in emotionaler wie in moralischer Hinsicht, etwa wenn er sagt: »Natürlich mochte ich Mama sehr gern, aber das besagte ja nichts. Alle gesunden Menschen wünschen mehr oder weniger den Tod derer, die sie liebten.« (Camus 1961: 67) Eine solche »Behauptung« innerhalb der Fiktion löst einen gewissen Widerstand beim Lesen aus: Wünschen »gesunde«, vernünftige Menschen den Tod derer, die sie lieben? Solange wir weiterlesen, *wollen* wir *versuchen*, Mersault und solche Aussagen zu verstehen. Wir sind neugierig und nicht nur einfühlsam oder verständnisvoll in einem ethisch anspruchsvollen Sinne: Vieles bleibt uns verborgen, aber der Clou unserer Lektüre besteht unter anderem auch darin, es entdecken zu wollen. Paradigmatisch wird das in der Geschichte durch den Untersuchungsrichter ausgedrückt, der Mersaults Mord an einem Araber verhandelt: »›Was mich interessiert, das sind Sie.‹ [...].›An Ihnen ist etwas [...], das ich nicht zu fassen bekomme. Sie werden mir sicherlich helfen, es zu begreifen.‹« (Ebd.: 68) Mit einem empathischen Nachvollzug – sei er bloß kognitiv oder auch affektiv – ist nicht notwendig verbunden, dass wir moralisches *Mitgefühl* haben oder haben sollten. Mitgefühle oder Sympathien sind Gefühle eigener Art, die sich auf das *Wohlergehen* einer anderen Person richten, ihren Werten oder Zielen zustimmen und ihren Erfolg wünschen.

Mit wem oder was empathisieren wir?

Nach Ansicht vieler philosophischer und psychologischer Theorien zur Empathie, die durch empirische Studien gestützt sind, empathisieren wir eher mit denen, die uns nah und vertraut sind. Dies hat verschiedene Gründe: Wer uns nah oder ähnlich ist – ein Kriterium, das David Hume und an ihn anschließende Theorien betonen (vgl. Kap. II.1; Hartmann 2013) –, befindet sich in einem ähnlichen Kontext wie wir, hat vielleicht ähnliche Werte und Präferenzen, möglicherweise ähnliche Charaktereigenschaften, Erfahrungen und so weiter. Auch wer uns vertraut (und in dem Sinne nah) ist, über den oder die wissen wir einiges; eine nahestehende, vertraute Person muss uns nicht einmal ähnlich sein, aber wir haben sehr viele Informationen über ihre Eigenschaften, Erfahrungen, Wünsche, Überzeugungen, Gefühle. Beides – die geografische und affektive Nähe wie die epistemische und emotionale Vertrautheit – erleichtert es uns, uns in fremde Situationen hineinzuversetzen. Das ist aber eher ein empirisches Argument. Es bedeutet nicht, dass wir uns nicht auch in völlig fremde Perspektiven hineinversetzen *können*. Letzteres ist schwieriger, kann aber – gemäß der These, dass Empathie eine verbesserbare Fähigkeit ist – auch geübt werden.

I.4 Erwartungen

Empathie ist anstrengend

Viele der Ansätze zur Empathie konzentrieren sich auf den Prozess der Empathie im empathisierenden Subjekt selbst, weniger auf die Prozesse, die im Anderen ablaufen oder zwischen den Personen. Allerdings betonen die Theorien der leiblichen Resonanz (Kap. II.1) und die phänomenologischen Interaktionstheorien (Kap. III.3) die Interaktion und die wechselseitigen Dynamiken der Empathie. Gleichwohl steht hier wie dort meist im Fokus, was wir als *Empathisierende* über die Empathie gewinnen. Zum Beispiel wird auf ihren epistemischen und hermeneutischen Wert hingewiesen, indem wir durch das Empathisieren etwas über Andere erfahren, ein Wissen aneignen oder eine Situation besser verstehen. In einigen Theorien erhält Empathie auch einen ethischen Wert: Das gewonnene Wissen und Verstehen führen ihnen zufolge dazu, dass wir uns um die andere Person sorgen und uns ihr Wohlbefinden am Herzen liegt. Was aber in allen Theorien und Debatten weniger im Fokus der Aufmerksamkeit steht, ist, was die Person empfindet, erfährt und erwartet, mit der empathisiert wird. Die Schriftstellerin Leslie Jamison schildert in ihrem Buch *Die Empathie-Tests* sehr fein eine solche Dynamik, indem sie ein Streitgespräch mit ihrem Freund Dave wiedergibt (Jamison 2014). In der geschilderten Szene dachte sie über einen geplanten Schwangerschaftsabbruch nach und schrieb ihrem Partner per SMS über ihre Gefühlsambivalenz. Sie erwartete von ihm irgendeine Antwort als Anteilnahme, die aber gänzlich ausblieb. Ich möchte eine längere Passage aus dem Buch zitieren und die darin enthaltenen Gedanken mit auf den weiteren Weg geben:

»Als ich am Abend dieses Tages mit Dave in meinem Wohnzimmer unterm Dach zusammensaß, informierte ich ihn: ›Ich habe mich heute sehr allein gefühlt. Ich hätte mich gefreut, etwas von dir zu hören. Ich würde lügen, wenn ich schriebe, dass ich mich daran erinnere, was er antwortete. Denn ich erinnere mich nicht. Das ist das traurige Halbleben von Streitigkeiten – dass wir uns meistens an unsere Hälfte erinnern. Ich glaube, er hat gesagt, er habe den ganzen Tag an mich gedacht. Und dieser Aussage konnte ich trauen? Warum brauchte ich Beweise? *Laut geäußerte Anteilnahme an meiner Situation/meinem Problem.* Warum brauchte ich Beweise? Ich brauchte sie eben. Er sagte zu mir: ›Ich glaube, du redest dir da etwas ein.‹ Ich redete mir etwas ein? Was denn? Meine Wut? Meine Wut auf ihn? Ich sagte ihm, ich wisse nicht, was ich fühle. Ob er mir nicht einfach abnehmen könne, *dass* ich etwas fühle und *dass* ich etwas von ihm gewollt habe? Ich brauchte seine Anteilnahme nicht nur, um die von mir beschriebenen Emotionen zu verstehen, sondern auch, um herauszufinden, was für Emotionen tatsächlich da waren. [...] Und doch hatte er recht. Dave begriff, dass mein Schmerz etwas gleichermaßen Reales wie Konstruiertes war. Und er begriff auch, dass er notwendig beides zugleich war – dass meine Gefühle auch eine Konsequenz dessen waren, wie ich über sie sprach. Als er zu mir sagte, ich würde mir etwas einreden, meinte er nicht, dass ich eigentlich überhaupt nichts fühlte. Er meinte, dass ein Gefühl nie einfach nur im Zustand ergebener Passivität entsteht, sondern immer auch ein Prozess der Konstruktion ist. Rückblickend leuchtete mir das ein.« (Jamison 2014: 24–26)

Aus der Passage kommen verschiedene, für den Empathieprozess entscheidende Aspekte zum Vorschein: erstens, die Unklarheit unserer eigenen Gefühle im Fühlen, Denken und Ausdrücken und die Rolle der uns entgegengebrachten Empathie – denn wir brauchen manchmal die Empathie Anderer, um uns über uns selbst im Klaren zu werden; zweitens, die retrospektive Konstruktion vieler Gefühlslagen, die im Nachhinein auch von den Fühlenden selbst manchmal anders interpretiert oder nachempfunden werden als in der entsprechenden Situation; drittens, der Misserfolg mancher empathischer Vorgänge bzw. die Abhängigkeit von den Erwartungen der empathisierten Person. Welche Form von Empathie jemand erweisen soll, hängt in nicht unerheblichem Maße von den involvierten Personen, ihrer jeweiligen Beziehung und ihren Erwartungen ab. Dave hat Leslie nicht die Anteilnahme gegeben, die sie brauchte. Hat er sich nicht gut genug in sie hineinversetzt? Sie erwartete von ihm offenbar mehr als nur die imaginative Perspektiveneinnahme, sie suchte eine »laute« Bestätigung und auch eine explizierende Klärung ihrer ihr selbst unklaren Gefühle. »Ich brauchte Menschen«, so heißt es an einer anderen Stelle in Jamisons Buch, »die mir meine Gefühle in einer für mich lesbaren Form zurückspiegelten.« (Jamison 2014: 33) Das Beispiel zeigt sehr gut, wie anspruchsvoll und komplex Empathie ist und dass sie nicht ein einseitiges Erfolgskonzept, ein *einseitiger* Spiegel des Empathisierenden ist. Man könnte ja auch behaupten, Dave habe sich in seine Freundin hineinversetzt, ihr aber nichts davon mitgeteilt; muss er sein Verständnis wiederum zurückspiegeln? Der eben zitierten, längeren Passage folgend muss Empathie auch gezeigt, ausgedrückt, *bewiesen* werden. Dabei scheint es mehr auf den *Versuch*, das Bemühen um Verstehen und Verständnis anzukommen, weniger um den *Erfolg* oder die Akkuratheit der Anstrengung. Das Beispiel zeigt ferner, dass sich Empathie im Dialog entwickelt und auch *weiter*entwickelt, ja sogar im Nachhinein noch anders entwickeln kann, wenn über eine bestimmte Empathiesituation gesprochen wird. In der Debatte wird in der Regel davon ausgegangen, dass wir uns in Gefühlssituationen authentisch äußern. Dass unsere Gefühle klar zutage treten. Tatsächlich aber sind die meisten Situationen sehr ambivalent und unklar, von vergangenen Erfahrungen und künftigen Erwartungen durchzogen. Die in der Debatte angeführten Paradebeispiele wie »Angst vor einem Löwen« sind relativ klare Gefühlssituationen: Ein Objekt bedeutet Gefahr, die mich bedroht, daher habe ich Angst, zeige diese in meinem Ausdruck und Verhalten, habe gute Gründe zu fliehen und zeige entsprechende Handlungstendenzen. Aber wie oft kommen solche klaren Situationen mit solchen klaren Komponenten in unserem Leben vor? Die meisten Gefühlsereignisse sind viel unklarer; wir wissen, *dass* wir etwas fühlen, aber können nicht genau benennen, was. Wir drücken manche Gefühle bloß unbewusst oder subtil aus. Vielleicht überspielen wir auch manche Gefühle, lassen sie erst gar nicht heran. Umgekehrt pflegen wir manchmal auch bestimmte Gefühle und deren Ausdrücke, *suhlen* uns in ihnen, vielleicht *weil* wir Empathie brauchen. Dabei können die Äußerungen aber durchaus auch gespielt oder, wie es bei Leslie Jamison ebenfalls heißt, übertrieben sein. Wir wollen manchmal einfach Verständnis und Bestätigung, vielleicht weil wir sie uns selbst nicht entgegenbringen können oder weil die Anteilnahme der Anderen einfach guttut. Jamison hebt in ihren Essays vor allem auch die Aktivität der Empathie hervor: Es ist nicht eine Fähigkeit, die uns zustößt, sondern Empathie ist etwas, das wir erbringen. Die soeben aufgeführten vielfältigen Aspekte zur Erwartungshaltung, zur Rolle des empathisierten Subjekts und zur Aktivität der Empathie werden in der gesamten Debatte stark vernachlässigt. Auch diese Einführung wird sie nicht beantworten können, sie aber als wichtige Dimensionen des Phänomens immer wieder ansprechen.

Wohin die Reise geht

Der Reiseverlauf dürfte nach den bisherigen Ausführungen recht klar sein: Um die Gegenwartsdiskussion zu verstehen – um uns also auf der Reise zurechtzufinden –, müssen wir Gepäck mitnehmen, und zwar in Gestalt der historischen Grundlagen der heutigen Debatte. Wir werden unseren Koffer packen mit den bereits angerissenen Theorien von David Hume, Adam Smith, Wilhelm Dilthey, Theodor Lipps, Edith Stein und Max Scheler. Mit ihnen im Gepäck werden wir unseren Weg fortsetzen und »unterwegs« die zeitgenössischen Theorien systematisch erkunden. Dabei werden wir der Klassifizierung unseres bildlichen Schemas folgen, wonach grob zu differenzieren ist zwischen Resonanztheorien, Theorien des Geistes und Interaktionstheorien. Ein Fokus wird zudem auf zwei verschiedene Varianten der Perspektiveneinnahme gelegt. Schließlich werden wir einige Stationen machen und unser Gepäck aus historischem und zeitgenössischem Material auf ein paar konkrete Kontexte anwenden: auf Tiere als Objekte der Empathie, auf Fiktionen als Quellen der Empathie, auf Künstliche Intelligenz als Herausforderungen der Empathie und auf die Frage, was Empathie eigentlich mit Moral zu tun hat. Damit wird die Reise an ihr Ende kommen, auch wenn längst noch nicht alles erforscht worden sein wird. Am Schluss wird daher ein knapper Ausblick gegeben, wohin die Reise weitergehen könnte.

II. Koffer packen

Wie in Teil I dargestellt, ist der Beginn der Theorien der Empathie früher anzusetzen, als die Etablierung des Begriffs der Empathie bzw. Einfühlung nahelegt. So haben sich unter anderem der Dichter und Kulturphilosoph Johann Gottfried Herder sowie die Empiristen David Hume und Adam Smith im 18. Jahrhundert und damit eineinhalb Jahrhunderte eher mit jenem Phänomen auseinandergesetzt, dass und wie wir die Gefühle und Erfahrungen anderer Menschen teilen, wie wir deren Situationen imaginativ nachvollziehen können und welchen Wert das Mitfühlen für eine Gesellschaft darstellt. Der Begriff der Einfühlung als Terminus technicus wurde dann erst Ende des 19. bzw. Anfang des 20. Jahrhunderts eingeführt. Den klassischen Empathie- bzw. Sympathie-Theorien zur Seite stellen lässt sich zwar die Tradition der Philosophie des Mitleids, etwa von Arthur Schopenhauer, die der kühlen Kantischen Ethik mit ihrer Betonung der Ratio bei gleichzeitiger Unterbetonung der Gefühle die warme Fürsorge des Menschen als Triebfeder seines moralischen Handelns gegenüberstellte. Friedrich Nietzsche wiederum hat das Mitleid scharf kritisiert als ein Zuschaustellen der Leidenden, mit dem sie eigentlich Macht gewinnen wollen. Da dieses Buch vor allem eine Einführung in die Theorien der Empathie und nicht in die Konzeptionen des moralischen Mitleids ist, liegt der Fokus auf jenen klassischen Theorien, die die spätere Einfühlungsphilosophie maßgeblich beeinflusst haben. Im Folgenden werden daher die Theorien von David Hume, Adam Smith, Wilhelm Dilthey, Theodor Lipps, Edith Stein und Max Scheler expliziert, auch wenn man die Wurzeln der Empathie-Theorien im Grunde noch früher ansetzen kann, in der Romantik oder gar in der Antike (Schloßberger 2005).

II.1 David Hume

David Humes (1711–1776) Verständnis von Mitgefühl und Mitleid findet sich vor allem in seinem *Traktat über die menschliche Natur*, Buch II (Hume 1978). Hier behandelt Hume die Affekte, insbesondere die Gegensatzpaare Stolz und Niedergedrücktheit auf der einen sowie Liebe und Hass auf der anderen Seite, darüber hinaus aber auch Schadenfreude, Neid, Achtung und Verachtung. Sein Begriff der Sympathie (»sympathy«) variiert in den verschiedenen Abschnitten des Buches stark und hat unterschiedliche begriffliche und normative Implikationen. Hume verwendet einen weiten Begriff von Empathie/Sympathie: Seine Bedeutung reicht von einer Ad-hoc-Zuneigung (und ist damit unserem deutschen Alltagsbegriff ›sympathisch‹ nahe) über das imitierende oder qua Imagination evozierte gefühlsdeckungsgleiche Mitfühlen, ferner das Mitleid oder die Mitfreude über jemandes Unglück oder Glück bis hin zur Fremdscham. Einige seiner Thesen ähneln stark denen von Adam Smith, insgesamt aber ist seine Theorie basaler und lässt sich dem Ansatz einer affektiven niedrigstufigen Empathie zuordnen: Hume betont die spontane Imitation der die Subjekte umgebenden Gefühle, die dann nicht nur Einfluss nehmen auf die je situationale Stimmung, sondern auch auf ideologische Gesinnungen wie nationale Zugehörigkeitsgefühle oder Meinungen (Hume 1978: 48 u. 99).

Kommen wir aber zunächst zur Klassifikation der Affekte bei Hume: Affekte sind nach Hume Eindrücke (»impressions«) besonderer Art, sie gehören zu den sekundären Eindrücken (Eindrücken der Selbstwahrnehmung oder Reflexion), die aus primären Eindrücken (wie einem Ziehen im Arm oder der unmittelbaren Wahrnehmung von einem Objekt) hervorgehen, und zwar entweder unmittelbar hervorgehen oder wenn man sich solche primären Objekte vorstellt. So kann etwa der Affekt der Furcht entstehen, wenn wir die bedrohliche Geste einer anderen Person sehen, oder wenn wir uns vorstellen, jemand würde uns attackieren. Hume unterscheidet unter anderem direkte von indirekten Affekten: Direkte Affekte entstehen unmittelbar aus einem »Gut oder Übel, aus Schmerz oder Lust« (Hume 1978: 5). Indirekte Affekte sind Stolz, Kleinmut, Ehrgeiz, Eitelkeit, Liebe, Neid, Mitleid, Groll, Großmut u.ä. (ebd.), die aus der Interaktion resultieren. Im Zentrum seiner Theorie der indirekten Affekte steht der soziale Vergleich: Denn diese Affekte entstehen aus einem Vergleich der anderen Person, auf die die Gefühle bezogen sind, mit uns selbst. Bei Stolz – etwa dem Stolz auf Leistungen, Eigenschaften oder auch dem Hochmut – sowie Niedergedrücktheit (eine Art Minderwertigkeitsgefühl) ist das Subjekt und Objekt des Gefühls zwar die eigene Person, aber sie resultieren nicht nur aus dem Gefühl der Anerkennung oder Aberkennung für eine eigene Leistung oder Eigenschaft, sondern auch aus der Wahrnehmung, dem Verhalten oder dem Gefühl einer anderen Person, die uns jene An- oder Aberkennung entgegenbringt und der wir uns daraufhin als entweder über- oder unterlegen empfinden. Die Entstehung und Stärke des Stolzes ist gewissermaßen davon abhängig, ob auch Andere meine Errungenschaften erkennen und anerkennen.

Humes Konzept der »sympathy« lässt sich nun in drei verschiedene Bedeutungsebenen auffächern:

1. Eine basale, affektive Sympathie ist bei Hume zunächst eine Art spontaner Auslöser für verschiedene sympathische und antipathische Metagefühle. Sie ist eng mit unserem Alltagsverständnis von Sympathie und mit Humes Konzepten der Liebe und des Hasses verbunden: Wenn uns eine Person sympathisch ist (und wir Zuneigung empfinden), so bedauern wir auch ihr etwaiges Unglück; wenn uns jemand indes unsympathisch ist (und wir Abneigung empfinden), so kann es sogar zur Schadenfreude über sein Unglück kommen (Hume 1978: 103). Diese unreflektierten Gefühle können aber durch »eine bestimmte Wendung unserer Gedanken und unserer Einbildungskraft abgeändert werden« (ebd.).

2. Darüber hinaus konzeptualisiert Hume Sympathie als symmetrisches Mitfühlen mit den Gefühlen anderer Personen. In dieser Bedeutung impliziert sie das, was viele Gegenwartstheoretiker*innen als Bedingung der Empathie formulieren, nämlich eine Gefühlskongruenz zwischen einem einfühlenden Subjekt mit dem Objekt der Einfühlung. In diesem Zusammenhang formuliert Hume die Kriterien der Nähe und der Vertrautheit, die auch heute noch als Erklärung dafür angeführt werden, dass wir, zum Beispiel bei Naturkatastrophen oder Flugzeugunfällen, insbesondere mit unseren Landsmännern und -frauen mitfühlen. Zwar stünden alle menschlichen Wesen, so Hume, durch Ähnlichkeit in Zusammenhang (Hume 1978: 103), aber das Mitgefühl hänge auch in hohem Maße von der Nähe, von dem Anblick des Objekts und von den spezifischen (kulturellen, nationalen und charakterlichen) Übereinstimmungen ab (ebd.: 49 f.; 103 f.). Unter »Nähe« fasst Hume zeitlich-räumliche, verwandtschaftliche und emotionale Nähe: »Die Gefühle anderer beeinflussen uns wenig, wenn die anderen von uns weit entfernt sind.« (Ebd.: 50)

Auch auf dieser Bedeutungsebene kann es zu einem evaluativen Metagefühl kommen, das in diesem Fall aber nicht ein auf den Anderen gerichtetes Gefühl des Bedauerns oder der Schadenfreude ist, sondern ein selbstgerichtetes Gefühl: Auf der Grundlage der Gefühlsübertragung können wir, so Hume, nämlich auch die Anerkennung oder Verachtung der Anderen uns gegenüber mitempfinden und basierend darauf Stolz oder Niedergedrücktheit entwickeln. Hume ist aber, was die Ursachen der affektiven Kongruenz betrifft, nicht eindeutig: Zum einen kann die Ursache darin liegen, dass beim *Anblick* eines Gefühls das gleiche Gefühl in uns ausgelöst wird, indem wir es spiegeln; diese Erklärung wäre demnach ein Vorläufer der heutigen Theorien der Spiegelneuronen oder der automatischen Resonanz:

»Ganz allgemein dürfen wir sagen: Die Menschen verhalten sich in ihrem Innern zueinander wie Spiegel. Und dies nicht nur in dem Sinne, daß sie ihre Gefühlserregungen wechselseitig spiegeln; sondern es werden auch die Strahlungen der Affekte, Gefühle, Meinungen wiederholt hin- und zurückgeworfen, bis sie ganz allmählich verlöschen.« (Hume 1978: 98 f.)

Eine andere Erklärung bietet die Vorstellungskraft: Ähnlich wie später Smith argumentiert Hume, dass wir uns zunächst eine Vorstellung von den Gefühlen der anderen Person in unserem eigenen Geist machen und dass sich diese Vorstellungen dann in Eindrücke und in echte Gefühle verwandeln, die den Bildern entsprechen, die wir uns von ihnen machen. Eine Gefühlskongruenz ist damit streng genommen gar nicht einmal impliziert.

»Je enger der Zusammenhang zwischen uns und einem Gegenstand ist, um so leichter vollzieht die Einbildungskraft den Übergang von ihm zu uns und verleiht der Vorstellung des Gegenstandes die Lebhaftigkeit der Auffassung, mit der wir die Vorstellung unserer eigenen Person zu vollziehen pflegen.« (Hume 1978: 50)

Auf der Basis der Prinzipien der Ähnlichkeit und der Nähe formuliert Hume schließlich ein Analogieschluss-Argument: Bei dem oben geschilderten Imaginationsvorgang schließen wir von unserer eigenen Person auf Andere, und je ähnlicher und vertrauter Andere uns sind, desto einfacher gelingt es, uns die Gefühle lebhaft vorzustellen und in uns selbst zu aktivieren.

3. Ein dritter Bedeutungskontext der »sympathy« umfasst das Mitleid im engeren Sinne (»pity«, »compassion«) und impliziert eine moralische Sorge um den Anderen. Zu diesem Bedeutungskontext gehört auch, was wir heute Fremdscham nennen. Anders als in 2., liegt hier eine Asymmetrie zwischen dem vor, was wir als Beobachter*innen empfinden, und dem, was die beobachtete Person empfindet: Uns tut eine andere Person leid, entweder indem wir ihren Kummer zunächst mitempfinden und dann Mitleid dafür entwickeln oder ganz unabhängig davon, wie sie empfindet; oder erst recht, weil sie es nicht empfindet, sei es, weil sie unwissend ist, oder sei es, weil sie ignorant dem gegenüber ist, was sie empfinden sollte. Anders als in 1. und 2. spielt hier eine Beurteilung der *Situation* eine starke Rolle und mit ihr soziale und moralische Normen sowie emotionale Angemessenheit:

> »Aber die Einbildungskraft wird von der *allgemeinen Regel* bestimmt, und läßt uns demgemäß eine lebhafte Vorstellung des Affektes vollziehen. Vielmehr, wir fühlen den Affekt selbst, genauso wie wenn die betreffende Person wirklich von demselben erregt würde. Es beruht auf demselben Prinzip, wenn wir für diejenigen erröten, die sich vor unseren Augen einfältig benehmen, obgleich sie selbst kein Gefühl ihrer Schande, und nicht das geringste Bewußtsein ihrer Torheit verraten.« (Hume 1978: 105)

Interessanterweise spricht Hume in solchen Fällen von einer »partiellen Sympathie«, welche ihr Objekt »nur von einer Seite betrachtet«, nämlich von der Seite der normativen Beurteilung vor dem Hintergrund von Gefühlstypen und gesellschaftlichen und/oder moralischen Regeln (Hartmann 2013). Nach heutigem Verständnis müssten wir wohl sagen, es ist entweder eine Art normative Empathie mit den *de facto* nicht vorhandenen, aber für angemessen präskribierten Gefühlen oder es ist ein antipathisches Gefühl im Hinblick auf die Situation und die nicht gefühlten Gefühle des Protagonisten der Situation, weil wir *Scham darüber* empfinden, dass Gefühlsnormen verletzt werden. Mit solchen Normen hat es auch der aus Empathie resultierende soziale Vergleich zu tun, auf den unter anderem Martin Hartmann hinweist (Hartmann 2013). Wenn wir die Lage anderer Personen um uns herum betrachten, so können wir sie aus zwei unterschiedlichen Perspektiven beurteilen: zum einen darauf hin, wie sie für sich genommen sind; zum anderen, wie sie im Vergleich zu uns selbst zu beurteilen sind, d.h. im Vergleich zu unseren Lebensverhältnissen und Eigenschaften.

II.2 Adam Smith

Adam Smith (1723-1790) gilt neben Hume als einer der Vorreiter heutiger zentraler Theorien der Empathie, vor allem der Simulationstheorie. Leider setzt sich aber in der heutigen Darstellung historischer Ursprünge der Empathie meist unhinterfragt der Gedanke fort, Smith habe mit dem, was er mit »sympathy« beschreibt, *genau* jene Prozesse gemeint, die wir heute mit dem Begriff der Empathie verbinden. Diese Synonymisierung oder Analogisierung der Begriffe ist aber so nicht korrekt. Vielmehr lassen sich unter Smiths durchaus sehr breites Konzept der »sympathy«, das er stellenweise auch »fellow-feeling« nennt, sowohl einige Vorläufer heutiger Empathie- und Mitleidsansätze als auch

Theorien zu Stellvertreter- oder Schamgefühlen subsumieren. Wie Smith die Vorgänge beschreibt, fließt das eine (empathischer Nachvollzug) in das andere (sympathetisches Mitfühlen) über, wobei Smith analytisch und phänomenologisch nicht scharf zwischen den damit verbundenen verschiedenen Prozessen differenziert. Die Vielfalt des Fremdverstehens und des Mitfühlens entfaltet Smith bereits auf den ersten Seiten seines Buchs *The Theory of Moral Sentiments*, auf Deutsch *Theorie der ethischen Gefühle* (Smith: 2010). Erstmals 1759 erschienen, war es damals ein wissenschaftlicher Wendepunkt. Die Grundthese lautet, dass moralische Prinzipien und Handlungen aus unserer Natur als soziale Wesen resultieren und nicht aus rationalen Überlegungen. Vielmehr fühlten und agierten wir instinktiv zugunsten der Belange Anderer.

»Mag man den Menschen für noch so egoistisch halten, es liegen offenbar gewisse Prinzipien in seiner Natur, die ihn dazu bestimmen, an dem Schicksal anderer Anteil zu nehmen, und die ihm selbst die Glückseligkeit dieser anderen zum Bedürfnis machen, obgleich er keinen anderen Vorteil daraus zieht, als das Vergnügen, Zeuge davon zu sein.« (Smith 2010: 5)

Dieser Satz lässt sich analytisch in Einzelteile aufschlüsseln, die jeder für sich elementare Aspekte der Smith'schen Sympathieethik wiedergeben:

1. Selbst wenn an der These, dass Menschen egoistisch sind, etwas dran wäre – eine Anspielung Smiths auf die pessimistische Anthropologie Thomas Hobbes' –, so gebe es doch in jedem noch so bösen, unmoralischen Menschen einen Funken Mitgefühl, dessen er/sie sich nicht erwehren könne, da es eine angeborene, natürliche Reaktion sei: Wir nehmen nach Smith natürlicherweise Anteil am Schicksal anderer Menschen.

2. Nicht nur nehmen wir daran Anteil, sondern das Glück einer anderen Person liegt uns am Herzen. Mit anderen Worten: Wir wollen das Wohlbefinden des Anderen und wir sind motiviert, dafür etwas zu tun.

3. Wir ziehen keinen direkten Vorteil daraus, wohl aber einen indirekten, nämlich Zeuge der Glückseligkeit des Anderen zu werden.

Smith führt eine epistemische und ontologische Grenze der Sympathie ein; wir können nie direkt erfahren, was Andere erfahren. »Mag auch unser eigener Bruder auf der Folterbank liegen – solange wir selbst uns wohl befinden, werden uns unsere Sinne niemals sagen, was er leidet.« (Smith 2010: 6) Anders als später Vertreter*innen der Phänomenologie argumentieren werden, können wir also den Zustand Anderer nicht unmittelbar im intersubjektiven Austausch im Ausdruck mit-erleben, sondern bedürfen eines Hilfsmittels: der Imagination. Die Sinne könnten uns nie über die Schranken der eigenen Person hinaustragen, »nur in der Phantasie können wir uns einen Begriff von der Art seiner Empfindungen machen« (ebd.).

Zwar analytisch nicht scharf, offeriert Smith bereits ein Tableau verschiedener Formen und Inhalte des imaginativen Sich-Hineinversetzens, als das er den empathischen bzw. den sympathetischen Vorgang vor allem begreift: So schreibt er etwa, dass wir unwillkürlich zusammenzuckten, wenn wir beobachten, wie jemand zu einem Schlag gegen eine Person ausholt (Smith 2010: 7). Interessanterweise schildert Smith diesen Vorfall aber so, dass es sich nicht um eine spiegelneuronale Ansteckung oder bloß reflexartige Reaktion des Gefühls handeln kann, die auf der Grundlage einer Beobachtung des Schlages beruht. Vielmehr sehen wir nur die Schlagabsicht und antizipieren imaginativ deren Konsequenz, wie etwa die körperliche Verletzung seines Objekts. Bezogen auf die heutige Debatte kann Smith wohl als ein Simulationstheoretiker (vgl. Kap. III.2) bezeichnet werden: Beim Anblick der Gesamtsituation und nicht nur des einzelnen Gefühls einer anderen Person spielen wir die Situation imaginativ nach. Nach Smith stellen wir uns vor, wie wir an der Stelle des Anderen fühlen würden. Dabei empfinden wir ähnliche, aber graduell schwächere Gefühle. Wie wir später noch genauer sehen werden, können wir beim Prozess der Empathie zwei verschiedene Arten des Perspektivwechsels unterscheiden: Wir können uns, erstens, vorstellen, wie wir uns selbst in der Situation fühlen würden. Zweitens können wir uns vorstellen, wie die andere Person konkret fühlt, oder imaginieren, die andere Person zu sein. Das eine ist eine ich-zentrierte Vorstellung, das andere eine du-zentrierte (vgl. Kap. III.4). Obwohl bei Smith, vor allem im ersten Kapitel, die erste Version vorherrscht, finden wir bei ihm auch Ansätze für die andere Version, vor allem in späteren Textpassagen. Wir träten, so schreibt Smith, gleichsam in den Körper des Anderen und würden gewissermaßen eine Person mit ihm (Smith 2010: 6). Wie Smith schreibt, erfordert der Sympathieprozess ein Bemühen des mitfühlenden Beobachters, den Perspektivwechsel so vollständig wie möglich zu gestalten (Smith 2010: 23; Strub 2012: 420). Von diesem Standpunkt aus bildeten wir eine Vorstellung von seinen Empfindungen und erlebten ähnliche Gefühle.

»Wenn ich mit dir Beileid empfinde, weil du deinen einzigen Sohn verloren hast, und ich deinen Kummer nachzufühlen trachte, dann überlege ich nicht, was ich, ein Mensch von dieser bestimmten Stellung und diesem bestimmten Beruf, erdulden würde, wenn ich einen Sohn hätte und dieser unglückseligerweise stürbe, sondern ich überlege, was ich erdulden würde, wenn ich wirklich du wäre, und ich tausche nicht nur meine Verhältnisse mit den deinen, sondern ich tausche auch die Person und die Rolle mit dir. Ich empfinde darum meinen Kummer durchaus nur um deinetwillen, nicht im mindesten um meinetwillen. Es ist also nicht im mindesten egoistisch.« (Smith 2010: 520)

In seiner Typologie der Sympathiegefühle differenziert Smith sehr fein und aufschlussreich zwischen verschiedenen Klassen von Gefühlen, in die wir uns hineinversetzen können: den einfach zugänglichen Gefühlen Anderer und denen, welche uns zunächst sogar eher abschrecken. In der heutigen Diskussion wird selten eine solche Unterscheidung getroffen, dabei wissen wir alle aus Erfahrung, dass sich Emotionen wie Angst, Neid, Zorn, Scham nicht nur ganz unterschiedlich ausdrücken – manche stärker, manche weniger stark – und entsprechend sicherlich auch unterschiedliche Reaktionen bei uns hervorrufen; manche Emotionen sind in ihrem Ausdruck auch leichter erkennbar, manche lösen vielleicht zunächst eine andere Reaktion bei uns aus als unser empathisches Verstehen. Auf den Zorn Anderer können bzw. wollen wir uns zum Beispiel, so Smith, gerade nicht einlassen, da er eine uns unangenehme Emotion sei; vielmehr ergriffen wir spontan Partei und fühlten uns in den *Adressaten*, das Opfer des Zorns ein. Erst wenn wir mehr über die Situation wüssten, könnten wir auch die Gründe des Zornigen nachvollziehen und uns diesen öffnen. Bis dahin empfänden wir eine natürliche Aversion und Antipathie gegen die negative Zornemotion.

»Es gibt Affekte, deren Ausdruck keinerlei Sympathie hervorruft, vielmehr eher die Wirkung hat, unseren Widerwillen und unsere Abneigung zu erwecken, solange wir nicht mit der Ursache der Affekte bekannt sind. Das wütende Benehmen eines Zornigen wird uns wohl eher gegen ihn selbst aufbringen als gegen seine Feinde. Da wir nicht wissen, was seinen Zorn herausgefordert hat, können wir uns in seinen Fall nicht hineindenken und darum auch keinerlei Gefühle empfinden, die den Affekten gleichen würden, welche diese Herausforderung in ihm auslöste.« (Smith 2010: 9)

Smith beschreibt auch schon *asymmetrische* Sympathiegefühle: Fremdscham, Mitgefühl mit psychisch kranken oder dementen Menschen, mit Kindern und mit Toten. In diesen Fällen gehen wir ihm zufolge von bestimmten Normen des angemessenen Fühlens aus: Auslöser des Mitgefühls sind dann nämlich nicht die tatsächliche affektive Struktur einer Situation, in die eine andere Person involviert ist, sondern es ist die Situation selbst und der ihr *typischerweise* zugeschriebene emotionale Gehalt. Nicht also das reale Gefühl des Anderen ist es, mit dem wir sympathisieren und das wir in ähnlicher Weise duplizieren. Sondern das auf der Situationswahrnehmung basierende imaginierte Gefühl, welches wir fühlen würden, wären wir in jener Situation, ist ausschlaggebend für den sympathetischen Prozess.

Im Fall der Fremdscham verhält sich die andere Person in der gegebenen Situation anders, als es moralische Normen oder gesellschaftliche Konventionen erfordern. Die empathisch nachvollziehende Beobachterin gleicht das beobachtete Verhalten – und damit verbundene Gefühle – mit der typischerweise geforderten Verhaltensweise und den affektiven Gehalten ab. In ihr läuft gewissermaßen imaginativ ein Film ab, in dem die Beobachterin selbst die Hauptfigur der Situation ist und sich anders, nämlich den Normen gemäß, verhält. Smith geht nicht genauer darauf ein, erwähnt aber Beispiele der Schamlosigkeit oder Rohheit.

Anders also als bei der symmetrischen Empathie haben wir es hier nicht mit einer Duplikation der gesehenen Situation und ihrer Gefühle zu tun, sondern mit zwei parallel ablaufenden Prozessen: einem real beobachteten und einem imaginierten, der nicht dem beobachteten entspricht. Vielmehr imaginiert die Beobachterin eine alternative Weise des Fühlens und Handelns, welche bestimmten Normen – eben moralischen oder gesellschaftlichen – entspricht. Die Beobachterin gleicht ihre eigenen

Affekte, die der imaginierten Situation entspringen, mit den beobachteten Affekten ab und beurteilt vor diesem Hintergrund das Verhalten der anderen Person als unangemessen. Ähnlich verhält es sich im Fall von dementen Personen oder Toten (Smith 2010: 11 ff.).

Wichtig bei all diesen Fällen ist, dass der Prozess zwar durch die Beobachtung einer Gefühlssituation eingeleitet wird, aber dass nach Smith nicht die realen Gefühle gespiegelt werden, sondern eigene, situationsangemessene Gefühle qua Imagination induziert werden. Es handelt sich um eine mehr oder weniger unabhängige emotionale Bezugnahme auf ein Objekt x in einer Situation s: Die Beobachterin, die einen toten Menschen vor sich sieht oder imaginiert, nimmt emotional auf das Objekt *als tot* Bezug, in einer Situation, die mit dem Tod verbunden ist: zum Beispiel, begraben zu werden. Sie imaginiert nun aus *ihrer* aktuellen Situation heraus, nämlich lebendig zu sein und in einer Situation von Vitalität und Freude am Leben zu sein, die Situation des Toten.

Zwei Punkte sind an dieser Stelle zu erwähnen, die Smiths Theorie der moralischen Gefühle, welche natürlicherweise ohne Einsatz vernünftiger Überlegungen vorliegen, auf wackligen Füßen stehen lassen:

1. Wodurch lernen wir, welche Gefühle angemessen sind? Oder welche Werte im Leben wichtig sind, wie etwa die Fähigkeit zum vernünftigen Denken? Um Fremdscham empfinden zu können, müssen wir bereits im Besitz moralischer und gesellschaftlicher Normen sein. Um Mitleid mit Dementen zu haben, müssen wir den Besitz der Vernunft als für das gute Leben wertvoll anerkannt haben.

2. Was Smith an dieser Stelle übersieht, ist, dass es sich bei der Beurteilung der imaginierten Gefühlsreaktionen, welche von der betrachteten Reaktion abweichen, im Grunde um ein Selbst-Mitleid handelt: Denn was der Beobachterin weh- oder leidtut – ihr seelische Schmerzen verursacht, sie in Stress versetzt etc. –, ist ja die Vorstellung, selbst in dieser Situation, gesehen aus der aktuellen Perspektive, zu sein.

Smith führt daher eine übergeordnete Instanz ein, den unparteiischen Zuschauer. Auch in diesen versetzen wir uns hinein. Von diesem Standpunkt aus können eigene und fremde Gefühle neutral beurteilt werden. Eine solche Beurteilung wäre dann keine Thematisierung einer emotionalen Bezugnahme einer Person auf eine Situation, »sondern *deren Nachvollzug in einem anderen Modus, nämlich dem der Interesselosigkeit*« (Strub 2012: 429). Diese Perspektive kann kontextual unterschiedlich ausfallen, je nachdem, wie wir lebensweltlich in eine Situation involviert sind.

II.3 Wilhelm Dilthey

Die Theorie des zwischenmenschlichen *Fremdverstehens* entwickelt sich bei Wilhelm Dilthey (1833–1911) von einer Analogieschlusstheorie über eine Ausdrucks- bis hin zu einer Vergegenwärtigungstheorie. Schreibt Dilthey anfangs noch von einem Vorgang der Analogie, bei dem wir zum Verstehen Anderer von *uns selbst* auf diese schlössen, so distanziert er sich später von dieser Vorstellung und argumentiert, ähnlich wie später die Phänomenolog*innen, dafür, dass wir das innere Erleben des Anderen in seinem äußeren Verhalten immer zugleich mit wahrnehmen (Schloßberger 2019: 17 ff.). Obwohl etwa zeitgleich mit Lipps, findet sich bei ihm aber eher selten der Begriff der Einfühlung. Im Vordergrund seiner Theorie steht das intersubjektive Verstehen – die Darstellungen dazu erstrecken sich über verschiedene kleinere Schriften und unterscheiden sich in ihrer jeweiligen Fokussierung (Schloßberger 2005: 77 ff.). Der Andere erschließt sich uns über ein Zusammenspiel aus Erleben, Ausdruck und Verstehen, und diese triadische Vergegenwärtigung ist etwas anderes als ein naturwissenschaftliches Erklären eines Sachverhalts mit Ursache und Wirkung (Schloßberger 2019: 20). Wegbereitend ist daher Diltheys Unterscheidung zwischen Erklären und Verstehen: Es ist etwas anderes, jemandes Ausdruck zu erklären (zum Beispiel die Kausalität eines angstvollen Gesichts beim Anblick eines Löwen), als diesen Ausdruck zu verstehen. Ein berühmter Satz von ihm lautet: »Die Natur erklären wir, das Seelenleben verstehen wir.« (Dilthey 1924: 144) Ein Clou dieser Äußerung ist auch, dass Dilthey meint, wir könnten uns das Seelenleben nicht in einzelne Momente zergliedern, sondern es uns nur in seiner Ganzheit erschließen (Schloßberger 2005: 88). Der »erlebte Zusammenhang« sei »das Erste«, das Unterscheiden der einzelnen Bestandteile komme erst danach. Die Methoden der Erfahrung des Seelenlebens seien daher von denen der Naturwissenschaften verschieden.

Wie schon Hume und wie einige Gegenwartstheoretiker heute unterscheidet Dilthey zwischen elementaren und höheren Formen des Verstehens (Dilthey 1970: 256 ff.), wobei er beim Nachvollzug der Emotionen und Situationen anderer Personen weniger an den Wert des *Miterlebens* als eben an den Wert des hermeneutischen *Verstehens* denkt. Dieses ist auch weniger naturalistisch als funktionalistisch und sozialtheoretisch gedacht: Pragmatisch erwächst nach Dilthey unser Bedürfnis, Andere zu verstehen, aus unserem Bewusstsein der Realität und unseren Interessen des praktischen Lebens und Zusammenlebens (Dilthey 1970: 255). Während das elementare Verstehen eine Art Fundamentalwahrnehmung alles Lebendigen durch Lebewesen ist, ist das höhere Verstehen nur komplexeren bzw. menschlichen Wesen vorbehalten.

Dilthey differenziert zwischen drei Arten von Lebensäußerungen, die wir im Verstehen nachvollziehen oder nacherleben können: erstens Begriffe, Urteile und Denken, zweitens Handlungen und drittens den Lebensausdruck. Diese Lebensäußerungen gelte es im größeren sozialen Kontext mit seinen Normen, seiner Kultur und Geschichte zu verstehen, retrospektiv nachzufühlen. Allerdings ist bei Dilthey nicht immer ganz klar, ob das Nachfühlen ein bloß verstehendes Nachbilden ist – mithin nur kognitiv – oder ob es auch ein affektives Mitfühlen impliziert (Schloßberger 2005: 82). Zumindest ist das Nacherleben bei Dilthey nicht mit einer Imitation des Gefühlsausdrucks des Anderen gleichzusetzen. Das Verstehen des Anderen erfolgt also nicht über den Umweg des Erlebens des eigenen Körpers des empathisierenden Subjekts, das dann von sich auf das andere Subjekt schließt. Vor diesem Hintergrund deutet Dilthey auch etwas an, das später bei Edith Stein ausdrücklich betont wird, nämlich dass das nachfühlende Selbst zu unterscheiden ist von einem gegenwärtig etwas erlebenden Selbst. Ebenso wie später die phänomenologische Anthropologie argumentiert er für ein direktes Verstehen, das frei ist von Schlüssen.[4]

Je weiter die Lebensäußerungen jedoch von dem inneren geistigen Vorgang entfernt seien, desto mehr sei eine höhere Form des Verstehens gefordert, bei der man von dem wahrzunehmenden Einzelnen auf allgemeine Zusammenhänge und ein größeres Gemeinsames kommen könne (Dilthey 1970: 261; 270). Je näher und verwandter uns jemand erscheint – hier gibt es eine Überschneidung mit dem Argument der Nähe und Vertrautheit bei David Hume – oder je sympathischer uns jemand ist, desto leichter fällt das Nacherleben (Schloßberger 2005: 87). Insbesondere die Dichtung und die Kunst seien Quellen eines lebhaften

Vergegenwärtigens qua Imagination: Wenn wir ein fremdes Seelenleben verstehen wollen, tun wir das, indem wir nicht nur aktuelle, sondern auch vergangene Erlebnisse vergegenwärtigen; dieser werden wir über fiktionale und dokumentarische Geschichten, Briefe, historische Gebäude gewahr, die wir nachvollziehend interpretieren, was vor allem für Historiker virulent ist. Das Nacherleben erweitert nach Dilthey den Horizont des Verstehenden. Es ist also weniger mit dem Anspruch eines moralischen Verhaltens verbunden als vielmehr mit einer epistemischen und hermeneutischen Erweiterung der Perspektive des situierten Subjekts: Kraft der eigenen Imagination können wir Anteil nehmen an Erlebnissen, welche außerhalb unseres eigenen, wirklichen (Er-)Lebens liegen bzw. lagen.

»Das Verstehen öffnet ihm nun ein weites Reich an Möglichkeiten, die in der Determination seines wirklichen Lebens nicht vorhanden sind. Die Möglichkeit, in meiner eigenen Existenz religiöse Zustände zu erleben, ist für mich wie die meisten heutigen Menschen eng begrenzt. Aber indem ich die Briefe und Schriften Luthers, die Berichte seiner Zeitgenossen, die Akten der Religionsgespräche und Konzilien wie seines amtlichen Verkehrs durchlaufe, erlebe ich einen religiösen Vorgang von einer solchen eruptiven Gewalt, von einer solchen Energie, in der es um Leben und Tod geht, daß er jenseits jener Erlebnismöglichkeit für einen Menschen unserer Tage liegt.« (Dilthey 1970: 266)

Wie er indes den Prozess des Vergegenwärtigens und Hineinversetzens stellenweise beschreibt, könnte Dilthey durchaus auch wie Smith und Hume als Vorläufer der Simulationstheorie einerseits und der Theorie der ästhetischen Einfühlung von Theodor Lipps andererseits betrachtet werden. Der Interaktionstheoretiker und Simulationstheorie-Kritiker Shaun Gallagher sieht ihn aber zum Beispiel als Wegbereiter einer narrativen und kontextsensitiven Theorie der Empathie im Sinne eines komplexen verstehenden Nachvollzugs statt bloßer Projektion oder Nachahmung (Gallagher 2019). Wir werden später bei Gallagher sehen, wie dieser Diltheys Konzept zu einer narrativen Imaginationstheorie modifiziert (Kap. III.4).

Was den hermeneutischen Ansatz aber sicherlich von den Auffassungen Humes und Smiths unterscheidet, ist, dass es beim verstehenden Nachvollzug nicht um ein Teilen der Gefühle geht bzw. dass das Verstehen nicht notwendig an eine Gefühlsduplikation geknüpft ist. Das Verstehen des (kulturellen) Kontextes und nicht einfach des mentalen Innenlebens steht im Vordergrund. Die oben erwähnten Lebensäußerungen sind denn auch nicht nur Ausdruck von Gefühlen, sondern sind als eingebettet in ein soziales, kulturelles und historisches Setting zu verstehen. Dieser Verstehensprozess kann nach Dilthey zu einem besseren Selbstverständnis führen: sich selbst über den Anderen zu verstehen. Vor diesem Hintergrund ist Dilthey nicht nur als ein Kulturwissenschaftler, sondern auch als Vordenker der Sozialtheorie und Interaktionstheorie (vor allem jener von George Herbert Mead) gesehen worden (Joas 1985). Zuletzt sei der Zusammenhang von Nachfühlen und ethischem Mitfühlen bei Dilthey angesprochen. Denn Dilthey trennt zwar theoretisch zwischen dem verstehenden Nachvollzug und dem Mitgefühl. In der Praxis aber folge letzteres in der Regel auf ersteres: Wenn wir Anderer Gefühlszustände verstehen, so nehmen wir anschließend auch mitfühlend an ihnen teil. Diese Teilhabe hat ethische Implikationen, etwa in Form zwischenmenschlicher Anerkennung und Solidarität. Der Andere wird dabei als Selbstzweck, in seiner Individualität sowie als Mitglied einer geteilten Gemeinschaft anerkannt (Schloßberger 2005: 81 ff.).

II.4 Theodor Lipps

Stellen wir uns eine Akrobatin auf einem Seil vor, wie sie balanciert, vielleicht vor- und zurückschwankt oder wie sie sich langsam auf dem dünnen Seil vorwärtsschiebt; möglicherweise bemerken wir in uns die Tendenz, die wahrgenommenen bzw. vorgestellten Bewegungen nachzumachen. Vielleicht verspüren wir auch ein Spannungsgefühl analog zur Gestrafftheit des Seils oder zur Anspannung des balancierenden Körpers. Oder denken wir an unsere körperlichen Erfahrungen, wenn wir einen Action-Film im Kino sehen. Unser Körper strebt beim filmischen Miterleben einer rasanten Verfolgungsjagd vielleicht nach vorne; wir sitzen vermutlich nicht entspannt und unbeteiligt in unserem Kinosessel, sondern erleben eine Art somatische und kinästhetische Rückkopplung dessen, was auf der Leinwand geschieht: Wir reagieren nicht nur emotional, sondern auch leiblich auf das Dargestellte, auf die Schnitte, Einstellungen, den Sound, die Musik, das gesamte Kinodispositiv, indem wir eine Erhöhung unseres Herzschlags spüren, eine Anspannung der Muskeln, oder indem wir unseren Körper im Rhythmus der Darstellungen auf der Leinwand mitbewegen.

Der Philosoph und Psychologe Theodor Lipps (1851–1914) gilt neben Robert Vischer (1847–1933) als einer der Gründungsväter eines mit solchen leiblichen Impulsen verbundenen Konzepts der *Einfühlung*: ein leiblich-affektives Imitieren dessen, was wir wahrnehmen, seien es Menschen und deren Bewegungen oder Formen wie das gespannte Seil oder ein rasendes Auto.

»[E]ben dieses Streben fühle ich in der optisch wahrgenommenen Bewegung. Ich erlebe es als etwas unmittelbar dazu Gehöriges. Ich fühle also mich in dieser Bewegung strebend, nämlich strebend nach dem kinästhetischen Bewegungsbilde, das der optisch wahrgenommenen Bewegung entspricht, und damit zugleich nach dieser letzteren. Ich fühle, allgemeiner gesagt, mich in einem Wahrgenommenen strebend nach Ausführung einer Bewegung.« (Lipps 1903: 120)

Lipps verwendet einen sehr weiten und facettenreichen Begriff der Einfühlung, den er sowohl für ästhetische Formen, Farben, Laute und entsprechende Erfahrungen wie auch für den zwischenmenschlichen Bereich konzipiert. Mit diesem Fokus der Wahrnehmung auf das Erfahren fremder Psychen läutet er gewissermaßen die phänomenologische Theorie der Intersubjektivität ein und ist wegbereitend für die auf ihn (kritisch) folgenden Arbeiten von Max Scheler, Moritz Geiger, Edith Stein und Edmund Husserl (Schloßberger 2019).

Es sind bei ihm verschiedene Arten von Einfühlung zu unterscheiden. Lipps begrenzt die Empathie nicht auf den heute gängigen Bereich, also nicht nur auf die Wahrnehmung und das Verstehen von komplexen mentalen Prozessen anderer Personen, sondern weitet die Einfühlung auf den gesamten Bereich des Ein-Fühlens eines Menschen in die ihn umgebende Umwelt mit ihrer gesamten Gestalt (Raum, Farbe, Licht, Form), ihre Dynamiken (Zeit, Bewegung) und ihre Affekte (Emotionen, Stimmungen, Atmosphären) aus. Die Objekte der Einfühlung, darunter auch unbelebte Gegenstände, werden dabei individualisiert, personifiziert. Wir können uns zum Beispiel auch in einen Stein einfühlen:

»Indem ich den Felsen sukzessive auffasse und Teil zu Teil hinzunehme, wird er für mich ein Ganzes. Indem ich das Mannigfaltige, das der Fels in sich schließt, sukzessive auffasse, fasse ich es zugleich zur Einheit eines Dinges. Damit ist der letzte Moment der Einfühlung bezeichnet. Das ›Ding‹ ist für mich jederzeit ein Individuum, das ich unmittelbar kenne, nämlich mir selbst vergleichbar. Vielmehr, es ist dieses Individuum.« (Lipps 1903: 193)

Eine solche, wie er es nennt, »allgemeine apperzeptive Einfühlung« bezieht sich auf die Formen und deren Aufforderung, ihrem Formverlauf zu folgen. »Die Linie etwa fordert mich auf, sie betrachtend zu durchlaufen.« (Lipps 1909: 223) Oder der Rhythmus, den ich höre, fordert mich zum Mitschwingen auf. Diese Tätigkeitsaufforderung sei den Dingen gewissermaßen eingeschrieben bzw. werde durch unser einfühlendes Mitgehen konstituiert. Lipps nennt diese Form der Einfühlung auch eine Stimmungseinfühlung:

»Demgemäß erlebe ich die ›Stimmung‹ als aus der Farbe oder dem Tongefüge stammend, daran gebunden, darin gegründet; ich objektiviere oder projiziere mich, den so Gestimmten, in den Gegenstand hinein. Vielmehr ich bin, ohne eigenes Zutun, darin. Ich finde im Gegenstande die Stimmung, kurz, ich fühle sie ein.« (Lipps 1903: 190)

Die Akte der form- und stimmungsgenerierten Einfühlung können als positiv, beglückend, oder negativ, Zwang ausübend, empfunden werden, je nachdem, ob uns etwas einlädt oder abstößt. Erfahrung und Intuition rücken in den Vordergrund, und Einfühlung ermöglicht eine Welt- und Selbsterschließung eigenen Rechts. Damit hat die Einfühlung auch eine epistemische Funktion: Lipps spricht den Gefühlen und der Einfühlung eine Orientierungs- und Bewertungskapazität zu.

Mit seinem Begriff ästhetisch-affektiver Einfühlung ist Lipps bis heute einflussreich zum Beispiel auch für die Debatte um Stimmungen in Räumen oder mit ästhetischen Objekten wie Musik und Kunst einerseits sowie für Theorien von kinästhetischen und somatischen Erlebnissen etwa mit Kino, Natur oder Architektur (für einen sehr guten Überblick vgl. Curtis/Koch 2009). Was sein Begriff der Einfühlung in andere »Iche« betrifft, rekurrieren heute Vertreter der Spiegelneuronentheorie und der Simulationstheorie auf seine Theorie, während sich die Phänomenologie seit Edmund Husserl – obwohl beeinflusst von ihm – von ihm absetzt. Der Grund dafür liegt vor allem darin, dass Lipps Einfühlung als etwas Automatisches beschreibt, dessen wir uns kaum entziehen können, so dass sein Einfühlungsbegriff eng verwandt ist mit dem der affektiven Ansteckung. Nicht zuletzt gilt bei ihm das Differenzbewusstsein zwischen dem einfühlenden Subjekt und seinem Objekt als aufgehoben.

Attraktiv an seinem Ansatz ist sein Holismus: dass er nicht dichotomisch trennt zwischen der Einfühlung in Formen und Einfühlung in Lebewesen, sondern beidem einen epistemischen und ästhetischen Charakter zuschreibt, der sich wechselseitig bedingt. Unbelebte Gegenstände können gerade deshalb zu Objekten unserer Einfühlung werden, weil wir sie in Analogie zu unserer Erfahrung anderer Menschen als beseelt erfahren bzw. weil wir bestimmte affektive Qualitäten auf sie projizieren: Ein Stein erscheint uns als einsam, eine Musik als einladend, ein Gebäude als feindlich, ein Straßenverlauf als streng, ein Baum als friedlich und so weiter.

Die Einfühlung impliziert bei Lipps eine Ausdruckstendenz und eine Nachahmungstendenz (Lipps 1907: 713–4). Wir imitieren die wahrgenommenen Formen und Bewegungen. Dadurch werden in uns eigene, bereits gemachte Erfahrungen wach; bestimmte Emotionen und Ausdrücke werden evoziert, deren Gehalt wir dann auf die Objekte unserer Einfühlung projizieren, also in diesem Sinne ein-fühlen, hineinlesen. Dabei durchdringt uns der Gegenstand in seiner Expressivität affektiv-leiblich. Lipps spricht hier von einem »instinktiven Triebe der Nachahmung« der eingefühlten Eigenschaften (Lipps 1903: 190 ff.)

Das Gleiche wie für die Einfühlung mit Objekten gilt auch für den zwischenmenschlichen Bereich: Unser Geist spiegelt sozusagen die mentalen Prozesse einer anderen Person, in die wir aber nicht erstpersonal hineinschlüpfen können, sondern deren

Erlebnisse wir basierend auf unserer Beobachtung ihrer körperlichen und mimischen Ausdrücke nur nachahmen können. Wir nehmen nicht die Emotion, sondern nur deren Ausdruck wahr. Wenn wir das wütende Gesicht einer anderen Person beobachten, so verspüren wir nach Lipps die Tendenz, diese Wut zu imitieren, auch wenn wir uns dieser Imitation nicht notwendig gewahr sind, und entwickeln auf dieser Grundlage in uns eine entsprechende Emotion, indem eine Erinnerung an eigene, frühere affektive und expressive Erfahrungen aufgerufen wird. Die Kombination aus spontanem nachgeahmtem Ausdruck und reaktivierter affektiver Erfahrung führt zu einer Zuschreibung eben dieser Erfahrung an den Anderen. Denn nach Lipps haben wir nur zu unseren eigenen Emotionen einen direkten Zugang, die wir dann von uns auf die Anderen projizieren – das unterscheidet demnach den Menschen nicht von dem Stein, in den wir ja auch nur etwas hineinfühlen, was wir tatsächlich aber nur in uns spüren (Lipps 1907: 714). Im Zwischenmenschlichen kommt es einerseits zu einem *Erleben* des fremden Ich, andererseits zu einem wechselseitigen *Verstehen* (Lipps 1907: 717–719; Schloßberger 2005: 62). Die Projektion ist aber etwas anderes als ein Analogieschluss, wie Lipps betont. Beim Analogieschluss müssen wir nicht erst in uns selbst etwas fühlen bzw. erleben, sondern wir schließen qua alltagspsychologischem Wissen darauf, dass Andere wie wir beseelte Wesen sind. Der Einwand Lipps' dagegen lautet, dass wir, um solche Schlüsse zu vollziehen, bereits ein Wissen um fremde Iche und deren psychische Vorgänge haben müssen; dies erlangten wir aber erst über die Einfühlung. Das macht den Analogieschluss zirkulär.

Die Theorie von Lipps ist, wie erwähnt, teils begeistert aufgegriffen, teils scharf kritisiert worden. Zum Beispiel liegen die Grenzen der Lipps'schen Empathie in der Reichhaltigkeit der eigenen affektiven Erfahrungen: Wir können im einfühlenden

Akt demnach nur auf schon gemachte Gefühle rekurrieren, aber nicht neue kennenlernen, wie einer der heutigen phänomenologischen Kritiker, Dan Zahavi, anmerkt (Zahavi 2014: 105). Neben diesem Problem haben sich die Phänomenolog*innen Husserl, Scheler und Stein noch aus weiteren Gründen kritisch von Lipps abgesetzt. Einer ihrer Haupteinwände gegen seinen Ansatz ist, dass Lipps von der Selbsterfahrung des empathisierenden Subjekts auf die Erfahrung des Anderen *projiziert*. Wir können aber einen *fremden* Zustand nicht verstehen, wenn wir dazu auf die eigenen Prozesse zurückgreifen, welche in uns beim Anblick des fremden Ichs und seines Zustands evoziert werden, wie zum Beispiel die kinästhetische Nachahmung beim Beobachten eines Seiltänzers.

II.5 Edith Stein und Max Scheler

In Reaktion auf Lipps, Dilthey, Smith und Hume entwickelten Phänomenolog*innen eine Theorie des *direkten* Fremdverstehens, wonach wir weder präreflexive Imitationen noch Analogieschlüsse noch aufwendige imaginative Simulationen durchführen, sondern die Erfahrungswelt anderer Personen unmittelbar mit-erfahren. Dieser Theorie zufolge nehmen wir die Anderen in unserer Interaktion in ihrem Körper- und Gesichtsausdruck als lebendige Wesen wahr und erfassen ihre affektiven und experienziellen, also erfahrungsbezogenen Prozesse in ihrem jeweiligen situationalen Kontext. Wichtige Unterschiede zu den vorher dargestellten Theorien sind, erstens, dass wir die Gefühle der Anderen nicht notwendig teilen müssen, um sie zu verstehen (wohl aber kann dies den Verstehensprozess erleichtern), und zweitens, dass Geist und Körper keine getrennten Einheiten sind, sondern der Geist *verkörpert* ist. Demnach begegnen uns die Anderen immer als eine Einheit aus Körper und Geist: Wir nehmen nicht bloß physiologische Veränderungen am Anderen wahr, hinter denen wir mentale Prozesse vermuten müssten, sondern im Ausdruck wird uns beides vermittelt: mentale Zustände, welche ihrerseits leiblich verankert und vergegenwärtigt werden. Diese Vorstellung wird bei Edmund Husserl etabliert, der die phänomenologische Tradition geprägt hat. Der Mensch unterscheidet sich vom Stein dahingehend, dass er nicht nur materieller Körper ist, sondern sich selbst in seiner Umwelt als verkörpert wahrnimmt. Wie aber können wir Andere als verkörperte Wesen wahrnehmen und vom Stein unterscheiden? Indem sie uns direkt zugänglich sind in ihrem Ausdruck und ihrer Leibhaftigkeit. Zwar vertritt auch die Phänomenologie die These, dass wir nicht die Perspektive der ersten Person eines Anderen einnehmen können, sie behauptet aber, dass wir einen über die Zwischenleiblichkeit vermittelten zweitpersonalen Zugang im interaktiven Ich-du-Verhältnis haben. Anders als zum Beispiel kognitivistische Theorien des Geistes gehen die klassische und die gegenwärtige Phänomenologie nicht »okklusionistisch« davon aus, dass der Geist Anderer uns verschlossen bleibt und wir über kognitive Prozeduren zu ihm durchdringen müssten (Breyer 2015a: 17), sondern dass sich dieser Zugang in der interaktiven und kommunikativen Struktur zwischenmenschlicher Begegnungen realisiert. Dabei ist wesentlich, dass wir und Andere eine Perspektive haben und perspektivisch verankert sind: Wir nehmen die Welt immer von einem Standort aus wahr, wie es auch schon in den einleitenden Kapiteln zu diesem Buch angedeutet wurde. Dieser Gedanke des perspektivischen In-der-Welt-Seins verknüpft Kognition und Körper zu einer Einheit. Bezogen auf unsere Fragen zu Einfühlung und Empathie in die Erfahrungen anderer Subjekte bedeutet das: Mentale Zustände und Prozesse drücken sich auch leibhaftig aus, sie sind nicht von ihrer Verkörperung zu trennen, und deswegen sind sie in der Welt, die wir mit anderen Lebewesen teilen, enthalten.

Edith Steins Phasenmodell der Einfühlung

Als paradigmatisch für die traditionelle phänomenologische Empathie-Theorie soll hier die Philosophin und Husserl-Schülerin Edith Stein (1891–1942) ins Zentrum gestellt werden, die mit ihrer Dissertation *Zum Problem der Einfühlung* 1917 eine erhellende Schrift vorlegte, in der sie die Einfühlung analytisch und phänomenologisch klar und überzeugend beschreibt. Für Stein ist Einfühlung, wie es bei ihr noch heißt, ein intentionaler erfahrender Akt *sui generis*, das heißt, sie ist nicht auf andere intentionale Akte zu reduzieren, sondern selbst ein basales Auf-die-Anderen-Bezogensein. Es geht, anders als bei Lipps, nicht um eine Identifikation, sondern vielmehr um die Erfahrung von *Alterität*, bei der wir uns der Anderen und zugleich unserer selbst als Subjekte gewahr werden. In ihrem multidimensionalen Ansatz unterscheidet Stein auch schon, wie weiter unten genauer erläutert wird, zwischen einer basalen Empathie als Perzeption und einer anspruchsvolleren Empathie als Perspektiveneinnahme.[5] Wichtig für das Verständnis der Einfühlung bei Stein ist der originär-/nicht-originärer Doppelcharakter: Als Empathisierende erfahren wir etwas originär; die Einfühlung findet in uns statt. Was wir aber erfahren, ist nicht-originär, das heißt uns nicht ursprünglich gegeben, sondern über die Erfahrung der Anderen vermittelt. Stein nähert sich der Einfühlung nun zunächst über einen Vergleich mit anderen intentionalen Akten, nämlich Wahrnehmung, Erinnerung, Erwartung und Fantasieerlebnissen. Die Empathie teilt mit der äußeren Wahrnehmung einige Schlüsseleigenschaften, kann aber als eine genuine Form der sensitiven Wahrnehmung des »wie es ist« begriffen werden. Wir können bei Wahrnehmungsakten auch dahingehend Modalitäten der Wahrnehmung unterscheiden, *dass* etwas rot ist oder *wie* es uns als rot erscheint, zum Beispiel warm, gefährlich, sexy etc. Das »Wie« bezieht sich auf die phänomenalen Eigenschaften, und wie wir diese subjektiv erfahren, hat viel mit unserer Perspektive und unseren eigenen Vorerfahrungen zu tun. Die Wahrnehmung der Erfahrungen Anderer ist damit zu vergleichen: Zunächst einmal gibt es auch hier eine Art »Ein-sehen« oder sensuelles Einfühlen: Wir sehen zum Beispiel nicht nur die Hand eines Anderen auf dem Tisch liegen, sondern wir nehmen zugleich wahr, wie sie auf dem Tisch liegt, zum Beispiel fest oder leicht (Stein 2008: 75; Thompson 2007: 389). Ähnlich drückt sich ein Gefühl eines Anderen für mich aus: Wenn wir jemanden als traurig erfahren, so schwingt hier die phänomenale Qualität einer »Wie«-Erfahrung mit. Die phänomenale Wahrnehmung ist nicht das Gleiche wie eine propositionale Wahrnehmung, *dass* jemand von rechts nach links geht; sie fängt die Qualität der Bewegung mit ein. Im Unterschied zur subjektiven Wahrnehmung ist die empathische Wahrnehmung eine vermittelte: Der Andere ist das Medium seiner eigenen Wahrnehmung, die ein anderes, empathisierendes Subjekt nachvollzieht.

Noch erhellender dürfte der Vergleich mit Erinnerung, Erwartung und Fantasieerlebnissen sein, die wie die Einfühlung jenen Doppelcharakter aufweisen. Sie sind originär-/nicht-originäre Vergegenwärtigungen von etwas, das nicht mehr oder noch nicht anwesend oder nicht real ist. Nicht-originär heißt, dass sie ihren Gehalt nicht im Jetzt, sondern im Falle der Erinnerung im Damals, im Falle der Erwartung im Später oder im Falle der Fantasie im Virtuellen haben und daher nicht leibhaft da, sondern einmal lebendig gewesen sind oder es irgendwann sein werden oder nur imaginär lebendig vorgestellt werden (Stein 2008: 16). Anders gesagt: »Originär sind alle eigenen gegenwärtigen Erlebnisse als solche – was könnte originärer sein als das Erleben selbst.« (Stein 2008: 15) Alles Vergegenwärtigte ist dagegen nicht-originär, das nicht selbst gegenwärtig ist, sondern in gewisser Weise bloß imaginativ, via Vorstellungskraft reproduziert wird. Im Fall der Erinnerung greift die Vergegenwärtigung auf etwas Originäres in der Vergangenheit zurück: etwas, das wir zum Beispiel zu einem Zeitpunkt *t* gefühlt haben. Der Akt der Erinnerung ist selbst zwar dann originär, sein Gehalt aber – das, was erinnert wird, zum Beispiel ein bestimmtes Gefühl – ist nicht-originär. Erinnerung kann in verschiedenen Vollzugsformen auftreten. Hier greift Stein einiges vorweg, das dann für die Einfühlung ebenso wichtig ist. Zum einen können wir eine Erinnerung passiv vollziehen: Dieser Fall liegt dann vor, wenn uns eine Erinnerung plötzlich und unwillentlich überfällt, zum Beispiel, wenn ein Musikstück in einem Film ein vergangenes Erlebnis wachruft. Der Erinnerungsablauf wird dann unreflektiert, implizit, vielleicht sogar unbewusst vollzogen. Demgegenüber können wir uns aber auch aktiv »zurückversetzen« und den Erinnerungsprozess Schritt für Schritt vollziehen. Hier nehmen wir das damalige Subjekt gezielt in den Blick und dem »erinnerten Erlebnis« sind wir »lebend statt ihm als Objekt zugewendet«. In diesem Zusammenhang spricht Stein von einem »re-produzierende[n] Vollzug« (Stein 2008: 17). Mit der Erwartung und der Fantasie verhält es sich ganz ähnlich, nur dass Erwartung prospektiv und mit möglichen Ereignissen verbunden ist und Fantasie etwas vergegenwärtigt, was wir uns *bloß* vorstellen, ohne eine damit verbundene Realisierungserwartung zu haben.

Die Einfühlung ist nun analog zu den anderen genannten intentionalen Akten zu analysieren, sie unterscheidet sich von diesen aber grundlegend dahingehend, dass sie ein *auf andere Lebewesen* bezogener Akt und somit, wie oben bereits angedeutet, vermittelt über das Medium der Erfahrung einer anderen Person ist. »Das Subjekt des eingefühlten Erlebnisses [...] ist nicht dasselbe, das die Einfühlung vollzieht, sondern ein anderes, beide sind getrennt, nicht wie dort durch ein Bewußtsein der Selbigkeit, eine Erlebniskontinuität verbunden.« (Stein 2008: 20) Dabei kann Stein als eine Vorläuferin der heutigen Theorie der direkten Wahrnehmung (DWT) und einer narrativ-kontextualen Interaktionstheorie verstanden werden (vgl. Kap. III.4). Wie bereits dargestellt, lässt sich auch bei Stein ein basaler und ein anspruchsvollerer Empathie-Vorgang differenzieren. Der basale besteht in der quasi-direkten Wahrnehmung des mentalen Zustands der anderen Person über ihren leiblichen Ausdruck und ihr Interagieren mit ihrer Umwelt. Oft aber sind Emotionen zu komplex in ihrer Struktur und Geschichte, als dass wir tatsächlich alles im direkten Miteinander verstehen. Ein detaillierterer Zugang impliziert demnach bei Stein auch eine Art von Perspektiveneinnahme, und zwar genauer jene, die heute als du-zentrierte, allozentrische Perspektiveneinnahme benannt wird, bei der wir uns vorstellen, wie es für die andere Person *ist*, in einer Situation zu sein, anstatt dass wir uns vorstellen, wie wir an der Stelle der anderen Person fühlen und handeln würden (Breyer 2015b; Vendrell Ferran 2018). Wie in Kapitel III.4 genauer gezeigt wird, sind dies zwei verschiedene Variationen von Perspektiveneinnahmen, welche prozessual und im Ergebnis anders zu bestimmen sind. In folgender Passage sind die drei Stufen aufgeführt:

»Indem es mit einem Schlage vor mir auftaucht, steht es mir als Objekt gegenüber (z.B. die Trauer, die ich dem anderen ›vom Gesicht ablese‹); indem ich aber den implizierten Tendenzen nachgehe (mir die Stimmung, in der sich der andere befindet, zu klarer Gegebenheit zu bringen versuche), ist es nicht mehr im eigentlichen Sinne Objekt, sondern hat mich in sich hineingezogen, ich bin ihm jetzt nicht mehr zugewendet, sondern in ihm seinem Objekt zugewendet, bin bei seinem Subjekt, an dessen

Stelle; und erst nach der im Vollzug erfolgten Klärung tritt es mir wieder als Objekt gegenüber.« (Stein 2008: 19)

Im ersten Schritt lesen wir nach Stein die Emotionen, Stimmungen und weitere, damit verbundene mentale Gehalte (wie die Überzeugung der anderen Person) am Gesicht und ihrem ganzen leiblichen Ausdruck ab; sie sind *verkörpert* und teilen sich uns in der direkten verbalen oder non-verbalen Kommunikation mit dem Anderen mit. Der Gegenwartsphänomenologe Evan Thompson sieht hierin eine unwillentliche, sensomotorische Dynamik enthalten (Thompson 2007: 389 f.). In einem zweiten Schritt kann es aber zu einem Perspektivenwechsel kommen, bei dem ich in die Perspektive des Anderen »hineingezogen« werde. Hier sind sogar einige Übereinstimmungen mit Lipps zu entdecken, wie Stein zugibt. Das Hineingezogenwerden in die Perspektive des anderen Subjekts hat eine immersive Dimension. Es kommt auch nach Stein zu einem inneren Mitvollzug der Stimmung des Anderen, einer Resonanz, die aber nicht vollständig mimetisch ist. Es sei nicht zu verwechseln mit einem Einssein, schreibt Stein. Wichtig hierbei ist aber zudem ein Prozess der »inneren Anschauung«, also ein Imaginationsprozess der aktiven lebendigen Vergegenwärtigung. Stein verwendet den Begriff der »Vergegenwärtigung« an verschiedenen Stellen und meint, dass wir uns etwas zur Gegebenheit bringen, was uns aber nicht originär gegeben ist. Nehmen wir dazu die Rolle der Imagination als ein synthetisierendes Vermögen, sich etwas präsent zu machen, das eigentlich nicht präsent ist (oder nicht mehr präsent oder nicht existent ist), so bringen wir uns etwas vor Augen, das aber ursprünglich, d.h. originär bei jemand anderem stattfindet. Nichtoriginär heißt nach Stein, die Erlebnisse wie die Erinnerung oder die Fantasie haben »ihr Objekt nicht als leibhaftig gegenwärtig vor sich, sondern vergegenwärtigen es nur« (Stein 2008:

16). Wir könnten auch sagen, es ist repräsentational gegeben, aber nicht selbst präsent. Das Erleben ist also nicht ursprünglich, sondern nur vermittelt gegeben.

»Als jetzt sich erzeugende Welten im Erlebnisstrom sind diese Erlebnisse originär; aber das, was sie konstituieren, ist nicht ursprünglich Erzeugtes, sondern Wiedererzeugtes, Vergegenwärtigtes, also nicht-originär.« (Ebd.)

Gleichwohl *erleben* wir *etwas*, indem wir den einfühlenden Akt vollziehen. Dieser einfühlende Akt ist intentional auf das Gefühl und das Gefühlsobjekt der anderen Person bezogen. Der einfühlende Akt selbst ist demnach aktual und originär, denn »was könnte originärer sein als das Erleben selbst?« (Stein 2008: 6) Es ist aber ein Erleben, »in dem sich ein anderes bekundet« (ebd.: 31). Das, was eingefühlt wird, ist daher nicht-originär. Der Vorgang geht mit dem Bewusstsein der einfühlenden Person einher, dass sie nicht selbst die fühlende Instanz ist; es kommt anders als bei Lipps nicht zu einer Fusion zwischen Ich und Anderem. Wichtig ist nach Stein, dass wir in der Einfühlung nur *bei* ihm, nicht *eins* mit ihm sind. Der dritte Schritt enthält denn auch eine der notwendigen Bedingungen der Empathie, nämlich die Ich-du-Differenz, ohne die es sich um Identifikation oder emotionale Ansteckung handeln würde. Ferner beinhaltet die dritte Stufe die Reflexion darüber, inwiefern sich das eingefühlte Erlebnis der anderen Person von unseren eigenen Erfahrungen unterscheidet. Die Überzeugungskraft von Steins Ansatz liegt unter anderem darin, dass sie Einfühlung als eine besondere Form sensibler Wahrnehmung der konkreten Individualität der anderen Personen begreift (Szanto/Moran i.E.; Szanto/Jardine 2017).

Bis heute besteht in der Empathie-Debatte Uneinigkeit darin, ob wir bei der Einfühlung bzw. Empathie den erfassten affektiven Zustand anderer Personen *replizieren*, sowie darin, was es genau heißt, diesen Zustand zu *verstehen*. Stein spricht sich nicht eindeutig gegen eine Gefühlskomponente in der Einfühlung aus. Sicher ist aber, dass sie sie nicht als notwendig betrachtet; eine Art von *fühlen, wie* dürfte aber involviert sein, ein Nachfühlen der Qualität des Gefühls des Anderen, wodurch das Verstehen verbessert und der Weg zu einem sympathetischen Mitfühlen erleichtert werden kann (Szanto/Moran i.E.).

Max Schelers Formen der Sympathie

Eine solche Ambivalenz finden wir auch bei Max Scheler, der der Einfühlung eine Zwischenposition zwischen einer besonderen Art von Fühlen und einer besonderen Art von Wissen zuzuschreiben scheint und sie streng vom Miteinanderfühlen und vom Mitfühlen unterscheidet. Um sich von der Lipps'schen Terminologie abzusetzen, verwendet Scheler statt des Begriffs der Einfühlung den Begriff des Nachfühlens bzw. des Nachlebens. In der folgenden Passage aus Max Schelers *Wesen und Formen der Sympathie* ist die heute zentrale Differenzierung der phänomenologischen Ansätze von den Spiegelungsansätzen einerseits und den Theorie-des-Geistes-Ansätzen andererseits angelegt:

> »Das ›Nachfühlen‹ und ›Nachleben‹ haben wir also vom ›Mitfühlen‹ streng zu scheiden. Es ist wohl ein Fühlen des fremden Gefühls, kein bloßes Wissen um es oder nur ein Urteil, der Andere habe das Gefühl; gleichwohl ist es kein Erleben des wirklichen Gefühles als eines Zustandes. Wir erfassen im Nachfühlen fühlend noch die *Qualität* des fremden Gefühls – ohne daß es in uns herüberwandert oder ein gleiches reales Gefühl in uns erzeugt wird.« (Scheler 1948: 9)

Das Erfassen der Qualität lässt sich mit dem »inneren Mitmachen«, wie Stein es beschreibt, vergleichen. Es ist ein Nachfühlen des Gefühlstypus, seiner Intentionalität, Kontextualität und seiner Valenz – als positiv oder negativ. Und gerade auch im Hinblick auf die Situiertheits- und Verkörperungsthese der Phänomenologie ist davon auszugehen, dass wir leiblich eine grobe Phänomenalität des Gefühls nachempfinden, zum Beispiel die Schwere der Trauer oder die Leichtigkeit der Freude. Wie im ersten Kapitel erläutert, werden Affekte, Stimmungen und Emotionen als im geteilten Raum befindliche Qualitäten angesehen. Anders als z.B. Smith verbindet Scheler mit dem Nachfühlen aber keinen direkten moralischen Wert: »Wir können im Nacherleben dem Subjekt dieses Nacherlebens ganz ›gleichgültig‹ gegenüberstehen.« Mitgefühle bauen aber auf dem Nachfühlen auf.

Scheler unterscheidet nun außerdem vier Formen der »Sympathie«:

1. das unmittelbare Mitfühlen, z.B. eines und desselben Leides »mit Jemand«
2. das Mitgefühl »an Etwas«: Mitfreude »an« seiner Freude und Mitleid »mit« seinem Leid
3. die bloße Gefühlsansteckung
4. die echte »Einsfühlung«

Während die ersten beiden Formen intentional auf das fremde Gefühl gerichtet sind, sind die beiden letzten Formen nicht intentional sowie unbewusst und unwillkürlich.

1. Das sympathetische Miteinanderfühlen ist eine anspruchsvolle Form des geteilten oder gemeinschaftlichen Fühlens bzw. des »Zusammen-etwas-Fühlens«, was in unserer Alltagssprache eigentlich selten als Sympathie bezeichnet wird, durchaus aber zu dem etymologischen Ursprung des Begriffs passt (Thomä 2016: 111).[6] Schelers Beispiel für das geteilte Fühlen ist die geteilte El-

terntrauer. Er verwendet dafür das Bild, dass Vater und Mutter an der Leiche des geliebten Kindes stehen.

»Vater und Mutter stehen an der Leiche des geliebten Kindes. Sie fühlen miteinander ›*dasselbe*‹ Leid, ›denselben‹ Schmerz. Das heißt nicht: A fühlt dies Leid und B fühlt es auch, und außerdem wissen sie noch, dass sie es fühlen – nein, es ist ein *Mit-einanderfühlen*. Das Leid des A wird dem B hier in keiner Weise ›gegenständlich‹, so wie es z.B. dem Freund C wird, der zu den Eltern hinzutritt und ›Mitleid mit ihnen‹ hat oder ›an ihrem Schmerze‹. Nein, sie fühlen es ›miteinander‹ im Sinne eines Miteinanderfühlens, eines Miteinander-erlebens nicht nur ›desselben‹ Wertverhalts, sondern auch derselben emotionalen Regsamkeit auf ihn.« (Scheler 1948: 9)

Vater und Mutter fühlen im Miteinanderfühlen *dasselbe* Leid. Es lässt sich darüber streiten, ob wir dieses Miteinanderfühlen heute als einen empathischen oder als einen sympathetischen Prozess beschreiben sollten, denn in vielen Empathie-Konzeptionen scheint eben an genau diese Form gedacht zu werden, wenn von einer Gefühlsübereinstimmung gesprochen wird, welche nicht eine bloße Ansteckung sein soll. Viele Theoretiker*innen betrachten den Aspekt des emotionalen Teilens ja auch als eine notwendige Bedingung von Empathie. Nach heutigem Vokabular ließe sich diese Form des Miteinanderfühlens also auch als eine Form affektiver Empathie bezeichnen, was den Vorteil hätte, dass man mit einer solchen Empathie-Konzeption der Alltagssprache näher kommt als mit einer Konzeption, die ein gemeinsames Fühlen in der Empathie kategorisch ausschließt und sie stattdessen unter die sympathetischen Reaktionen subsumiert. Tatsächlich sind Miteinanderfühlen und Nachfühlen auch bei Scheler phänomenologisch verwoben. Auf der anderen Seite werden in vielen Konzeptionen empathisches Nachfühlen und geteiltes Fühlen, wie hier ausgedrückt, phänomenologisch unterschieden: Gerade die klassische Phänomenologie möchte das Ein- und Nachfühlen nicht verwechselt wissen mit einem Teilen von Gefühlen, und diese Unterscheidung vertritt im Anschluss auch die Gegenwartsphänomenologie. Wie wir noch öfter sehen werden, kommt es in der Debatte bei der Frage, was Empathie ist und leistet, sehr darauf an, wie (weit oder eng) das Konzept der Empathie verstanden wird. Wichtig ist noch zu erwähnen, dass Scheler das Miteinanderfühlen nur für die geistigen, nicht die physischen Affekte als möglich erachtet. Es gebe keinen »Mitschmerz« im physischen Sinne, wir können also nicht den Zahnschmerz *miteinander* fühlen.

2. Das »Mitfühlen an etwas« ist das Mitgefühl oder Mitleid: Das »Fühlen für« jemanden oder »Fühlen über« etwas. Scheler hat dafür das Beispiel, dass ein Freund der trauernden Eltern zur beschriebenen Trauersituation hinzutritt. Der Freund wird auch traurig. Aber er fühlt kein Fühlen *mit* den anderen beiden, sondern fühlt *für* sie. Anders gesagt: Er trauert nicht selbst um das Kind, sondern ist traurig in Anbetracht des Leids der Eltern, die ihm leidtun. Scheler schreibt: »D.h. mein Mitleid und sein Leid sind phänomenologisch zwei verschiedene Tatsachen, und nicht eine Tatsache wie im ersten Falle.« (Ebd.: 20) Das Objekt des jeweiligen Gefühls ist unterschiedlich und damit auch der Wertverhalt und die emotionale Regung. Der Gegenwartsphilosoph Peter Goldie (1946–2011), dessen Emotions- und Empathie-Theorie sowohl von der kognitivistischen als auch der phänomenologischen Tradition beeinflusst ist, betont im Anschluss an Scheler die Objektdifferenz des Gefühls sowie die moralische Implikation der Sympathie, was diese von der Empathie unterscheidet: Sympathie zu empfinden ist nach Goldie eine emotionale Erfahrung; sie beinhaltet, erstens, ein Erkennen der Schwierigkeiten des Anderen und, zweitens, Gefühle des Unwohlseins in Bezug

auf die Schwierigkeiten. Drittens ist Sympathie mit der Motivation verbunden, die Probleme zu beseitigen oder zu lindern (Goldie 2000: 213 ff.). An Scheler anknüpfend betont Goldie, dass Sympathie »caring« impliziere, aber nicht »sharing«.

3. Die dritte Form in Schelers Klassifikation ist die emotionale Ansteckung, wenn wir uns zum Beispiel vom Lachen anderer Personen oder ihrer Wut anstecken lassen.

»Weder besteht hier eine Gefühls-*Intention* auf die Freude und das Leid des Anderen, noch irgendein Teilnehmen an seinem Erleben. Vielmehr ist es charakteristisch für die Ansteckung, daß sie lediglich zwischen Gefühls*zuständen* stattfindet, und daß sie ein *Wissen* um die fremde Freude überhaupt *nicht* voraussetzt.« (Scheler 1948: 12; Herv. i. Orig.)

Wie im einleitenden Kapitel angedeutet, besteht emotionale Ansteckung darin, dass die Gefühle anderer Personen, Lebewesen und der Umgebung in uns hinüberwandern, wir können sie uns wie eine Erkältung einfangen. Scheler schildert solche Prozesse insbesondere am Phänomen der Massenerregungen.

»Bei allen Massenerregungen, auch schon der Bildung der sog. ›öffentlichen Meinung‹, ist es besonders diese *Gegenseitigkeit* der sich kumulierenden Ansteckung, die zum Anschwellen der emotionalen Gemütsbewegung führt und zu dem eigentümlichen Tatbestand, daß die handelnde ›Masse‹ über die Intentionen aller Einzelnen so leicht hinausgerissen wird und Dinge tut, die keiner tun ›will‹ und ›verantwortet‹.« (Ebd.)

4. Die vierte Form des Mitfühlens ist eine extreme Form emotionaler Identifikation – die Einsfühlung:

»Nur ein gesteigerter Fall – sozusagen ein Grenzfall der Ansteckung – ist die echte *Einsfühlung* (resp. Eins-setzung) des eigenen mit einem fremden individuellen Ich. Sie ist ein Grenzfall, insofern hier nicht nur ein fremder, abgegrenzter Gefühlsprozeß für einen eigenen unbewußt gehalten wird, sondern das fremde Ich geradezu (in allen seinen Grundhaltungen) mit dem eigenen Ich identifiziert wird. Auch hier ist die Identifikation ebenso unwillkürlich wie unbewußt.« (Scheler 1948: 15)

Im Unterschied zu den anderen Formen fehlt es hier an einer Ich-du-Differenz. An deren Stelle rückt eine vollständige Identifizierung. Phänomene der Einsfühlung findet Scheler zum einen in der symbiotischen Mutter-Kind-Beziehung, zum anderen aber auch in der Naturerfahrung (Schloßberger 2019).

Von diesen vier sympathetischen Formen ist aber phänomenologisch das Nachfühlen zu unterscheiden, welches das anschauliche *Vorstellen* eines fremden Gefühls meint. Den ersten beiden Formen, dem »Miteinanderfühlen« und dem »Mitfühlen an etwas«, geht das Nachfühlen als einer basalen Erfahrung anderer Personen voraus. Einfühlung oder Empathie ist in dem Sinne die Vorbedingung für die verschiedenen sympathetischen Gefühle: Wir müssen erst die (Gefühls-)Situation einer anderen Person nachvollzogen haben, um darauf aufbauend angemessene Mitgefühle entwickeln zu können. Umgekehrt ist die »Einsfühlung« – wie etwa das Einssein mit der Natur – eine genealogische Vorstufe der Einfühlung; wir empfinden uns als eins mit der Natur und dabei erfahren wir, dass sie lebendig und nicht unbelebt ist.

III. Unterwegs

Gemäß der in Kapitel I vorgenommenen, systematischen Klassifizierung der verschiedenen Theorien werden im Folgenden exemplarisch deren jeweilige zentrale Ansätze vorgestellt: Resonanztheorien, Theorien des Geistes und Interaktionstheorien.

III.1 Resonanztheorien

Empathie ist in den vergangenen Jahren in den Fokus der Neurowissenschaften gerückt. Die Neurowissenschaften sehen in der neuronalen Mimikry oder Imitation eine wichtige *Vorstufe* der Empathie oder, je nach Theorie, eine rudimentäre, niedrigstufige Form der Empathie (Klimecki/Singer 2014; Preston/de Waal 2002). Einige Forscher*innen sprechen hierbei von einer spontanen, unreflektierten Identifikation, die entwicklungspsychologisch als eine Vorstufe höherer Formen des Fremdverstehens angesehen wird: Neugeborene zum Beispiel reagierten instantan auf das sie umgebende Kommunikationsnetzwerk, auf das Weinen oder die Freude sie umgebender Neugeborener oder die Emotionen ihrer Bezugspersonen. Ein solches »Body-Mapping«, wie dieses Phänomen der Synchronisierung von Verhalten auch genannt wird, ist aber noch einmal zu unterscheiden von dem neuronalen Spiegeln (de Waal 2009). Übergreifend könnten wir für beides – Spiegeln und Synchronismus – den Begriff der Resonanz verwenden, der in der Musik für ein unmittelbares Mitschwingen steht und als Metapher im Zusammenhang der unmittelbaren Reaktion auf Andere aufgegriffen wird. Daher sollen hier alle diejenigen Theorien, die von einer unmittelbaren neuronalen oder leiblichen Resonanz auf die Gefühle und Verhaltensweisen Anderer ausgehen, unter der Rubrik der *Resonanztheorien* zusammengefasst werden. Im Folgenden wird in die Theorie der Spiegelneuronen eingeführt und kurz das Phänomen der Schmerzempathie erläutert. Dann wird ein psychophilosophischer Ansatz von Vittorio Gallese vorgestellt. Nach einem Überblick der Kritikpunkte an spiegelneuronalen Theorien wird die Rubrik der Resonanztheorien um Ansätze intersubjektiver, zwischenleiblicher Resonanz erweitert, die die Interaktion und die Verkörperung der Subjekte, weniger die neuronalen Mechanismen in den Vordergrund rücken.

Die Entdeckung der Spiegelneuronen

Wie einleitend bereits beschrieben, wurden die Spiegelneuronen in den 1990er Jahren durch eine Forschergruppe in der italienischen Stadt Parma entdeckt. Spiegelneuronen verbinden den Anblick einer Handlung mit dem an ihr beteiligten motorischen Programm, das dann in dem beobachtenden Subjekt selbst aktiviert wird. Die durch das Forscherteam entdeckten Nervenzellen befinden sich im prämotorischen Kortex und sind damit befasst, die eigenen Handlungen zu programmieren. Dabei geht es nicht um schlichte Bewegungen, sondern um die Akteur-Objekt-Relation, verbunden mit einer bestimmten Intention: zum Beispiel, dass die Hand eine Rosine greifen will, etwa um diese dann zum Mund zu führen und zu essen. Neuronen, die mit der Wahrnehmung dieses Greifens verbunden sind, feuern, wenn das Greifen erfolgt. Andere Aktivitäten sind neben dem Greifen auch das Halten oder das Manipulieren von Gegenständen. Wie die

Forscher an Studien mit Makakenaffen und deren Handlungen zufällig herausfanden, sind diese Neuronen nicht nur dann aktiv, wenn die Handlungen selbst ausgeführt werden, sondern auch wenn die Handlungen – wie der Griff eines Affen nach einer Rosine – beobachtet werden. Dies sind »sensomotorische« Neuronen oder schlicht »Spiegelneuronen« (Gallese et al. 1996). Die Forscher stellten im Anschluss die These auf, dass diese Neuronen uns einen intuitiveren Zugang zu den mentalen Vorgängen wie etwa zu Handlungsmotivationen anderer Personen verschaffen als ein eher abstraktes, rein kognitives Mentalisieren. Der Neurowissenschaftler Marco Iacobini stellt fest: »Spiegelneuronen sind kleine Wunderwerke, die uns durch den Tag bringen. Sie sorgen für unsere – mentale und emotionale – Bindung aneinander.« (Iacobini 2009: 12)

Schmerzempathie

Verstärkt in den Fokus gerückt sind in den vergangenen Jahren auch andere Formen von gespiegelten Reaktionen: die sogenannte Schmerzempathie, die Berührungsempathie und die Ekelempathie. Demnach können wir nicht nur Handlungsabsichten und Emotionen Anderer spiegeln, sondern auch sinnliche Erfahrungen imitieren (Keysers 2011: 148 ff.). Im Folgenden wird nur sehr kurz auf diese Phänomene eingegangen, einerseits weil sie schlicht Sonderfälle der besprochenen Spiegeltheorie sind; andererseits weil sie eher als umstrittene Fälle von Empathie gelten, da sie oft weniger als *Verstehen* denn als automatischer *Reflex* beschrieben werden und weil es auch fraglich ist, inwiefern wir einen physischen Schmerz wirklich mitempfinden können. Der Hirnforscher Christian Keysers schildert ein Empfindungserlebnis, das er hatte, als er sah, dass seine Frau sich beim Zwiebelschneiden mit einem scharfen Messer in den Finger schnitt. Beide,

Keysers und seine Frau Valeria, hätten unmittelbar »Au!« gerufen und ihren jeweiligen Finger gehalten. Nur seine Frau aber hatte sich ja tatsächlich geschnitten. Die sogenannte Schmerzempathie, »empathy for pain«, steht für unser – vor allem körperliches – Mitempfinden, wenn wir sehen oder imaginieren, wie sich jemand körperlich verletzt oder verletzt wird (de Vignemont/Jacob 2012). Ein anderes Paradebeispiel ist, dass sich jemand mit dem Hammer auf den Daumen schlägt. Und es hat wohl jeder auch schon einmal den Blick abgewandt, wenn einer Figur in einem Film ein Messer in den Handrücken gerammt wird – eine nicht unübliche filmische Gewaltszene. Vermutlich schreckt man schon bei dem (bildlichen) Gedanken daran zurück. Forscher des Max-Planck-Instituts für Kognitions- und Neurowissenschaften in Leipzig haben dieses Phänomen näher untersucht und wie folgt beschrieben (Zaki et al. 2016): Obwohl unser Körper in einer Beobachtersituation unversehrt bleibt, verspürten wir teilweise die gleichen Symptome; wir fühlten eine Beklemmung, hätten taktile Eindrücke: »Mir tat der Finger weh, als ich sah, wie Valeria sich in den ihren schnitt.« (Keysers 2011: 149) Wir zuckten möglicherweise unwillkürlich zurück, um der Schmerzquelle zu entfliehen, und speicherten Informationen über den Kontext der Erfahrung ab, um diesen Schmerz in Zukunft zu vermeiden. Bei solchen sogenannten somatosensorischen Reaktionen werden den Forschern zufolge wiederum die gleichen Hirnregionen aktiviert wie im Fall von eigenem oder nur beobachtetem Schmerz. Wichtig dabei ist, dass sich Schmerz – wie auch andere Affekte – aus verschiedenen Komponenten zusammensetzt und dass einige der Komponenten auch für andere Negativerfahrungen gelten, während einige andere spezifisch für den körperlichen Schmerz sind. Das erklärt vielleicht, warum Schmerz- und Ekelreaktion oft zusammen auftreten, etwa wenn wir als Zuschauerin einer filmischen Gewaltszene, in der jemandem ein Auge ausgestochen wird, sowohl zusammenzucken als auch ein Ekelgefühl entwickeln. Schmerzempathie ist auch eng verwandt mit der Berührungsempathie, der »empathy for touch«, weil ähnliche sensorische Komponenten aktiviert werden. Unterschiede bestehen hingegen darin, dass unterschiedliche Spiegelsysteme aktiviert werden, je nachdem, ob sie motorische Bewegungen, sensorische Eindrücke oder Emotionen betreffen. Aber sie bilden, wie Alvin Goldman es ausdrückt, alle eine bestimmte, nämlich spiegelnde »Route« der Empathie (Goldman 2011).

Kritisch ist allerdings einzuwenden, dass wir körperlich nie den gleichen Schmerz wie der Schmerzleidende empfinden können: Solange wir uns nicht selbst den Fuß gebrochen haben, *haben* wir nicht den gleichen Schmerz (Jacob 2011). Christian Keysers schildert den Vorgang indes als Fall von somatosensorischer Übereinstimmung. Er betont, dass manchmal ein Wissen oder eine Vorstellung von einem Schmerz eines Anderen ausreicht, um diesen spiegelneuronal bei einem selbst zu bewirken: »Das Wissen kann von willkürlichen Symbolen oder sprachlichen Erklärungen bezogen werden. Unser empathisches Miterleben ist bemerkenswert flexibel.« (Keysers 2011: 160) Wir seien uns aber immer im Klaren, um *wessen* Schmerz es sich tatsächlich handelt. Es werde nur eine Teilmenge jener Neuronen aktiviert, die normalerweise bei unseren eigenen direkten Erfahrungen beteiligt sind. Wie aber soll es dann zu einer Übereinstimmung kommen? Offensichtlich sind doch beim Empfinden von eigenem Schmerz noch andere Hirnareale aktiv.

Die geteilte Vielfalt der Interaktion

Vor dem Hintergrund der spiegelneuronalen Resonanz hat der Neurowissenschaftler Vittorio Gallese, der dem Parma-Team angehörte, die »Geteilte Vielfalt«-These (»shared manifold hypothesis«) entwickelt (Gallese 2001; 2003). Diese besagt, dass wir ein präreflexives Verständnis anderer Lebewesen haben, weil wir mit ihnen immer in einer intersubjektiven und *interaktiven* Relation stehen. Gallese moniert, dass die Kognitions- und Entwicklungswissenschaften den Menschen bislang eher als solipsistisch anstatt als soziales Wesen betrachteten. Dagegen sollten wir laut Gallese von einer »sozialen Kognition« sprechen, anhand deren wir im sozialen Miteinander und *verkörperten Dialog* unsere (soziale) Identität ausbilden und uns wechselseitig als Menschen identifizieren. Dies tun wir auf den vielfältigen Interaktionsebenen, auf denen wir aufeinandertreffen: als wahrnehmende, handelnde, fühlende Wesen. Dem Bild vom menschlichen Einzelwesen, das erst im Laufe seiner Entwicklung Intersubjektivität ausbilde, wird die »Like-Me«-These entgegengehalten. Diese besagt, dass wir schon in einem sehr frühen Stadium unserer Entwicklung Andere imitieren und dass wir dabei die Ähnlichkeiten entdecken; dies wäre dann die Grundlage von Empathie und »mindreading«, dem Repräsentieren mentaler Vorgänge Anderer. Babys ahmten schon im Alter von etwa 18 Stunden die Mimiken ihrer Bezugspersonen nach und stellten implizit eine Analogie zwischen sich und Anderen her. Zudem entwickelten sich Formen von »joint attention«: das Erkennen dessen, worauf der attentionale Fokus einer anderen Person gerichtet ist. Für Gallese entscheidend mit Blick auf die Frage nach der Empathie oder dem »mindreading« ist aber nicht nur das Verstehen einer Handlung, einer Überzeugung oder eines Handlungswunsches anderer Lebewesen, sondern dass darüber überhaupt *soziale Verbindungen* (»social bonds«) zwischen Subjekten hergestellt werden. Gallese vermutet, dass eine Störung dieser impliziten Mechanismen, die unserer Intersubjektivität und unserem gegenseitigen Verständnis zugrunde liegen, eine Ursache von Psychopathologien wie Schizophrenie sein könnte.

Mit seiner These rekurriert Gallese auf die klassische Phänomenologie sowie auf die Nachahmungstheorie von Theodor Lipps. Unter anderem bezieht er sich auf Husserls These unserer geteilten Erfahrungen in einer geteilten präkategorialen Lebenswelt. Hier begegneten wir uns als verkörperter, erfahrender, lebendiger *Leib*, nicht bloß als körperliches Material. Im Anschluss an Lipps spricht Gallese von einer impliziten, automatischen und unbewussten verkörperten *Simulation* durch die Spiegelneuronen, anhand deren wir in die Welt Anderer eintreten können, ohne bloß über sie zu theoretisieren. Problematisch ist, dass Gallese nicht differenziert zwischen den phänomenologischen Ansätzen – etwa auch von Edith Stein – und dem Lipps'schen Zugang; denn insbesondere Stein und Scheler betonen wiederholt, sich von Lipps dahingehend abzusetzen, dass sie im Falle der Empathie bzw. Einfühlung gerade nicht von einer Imitation und Projektion sprechen wollen. Gallese schlägt mit Lipps dagegen eine Brücke von der spiegelneuronalen Resonanz zur *Simulationstheorie*, wie sie etwa von Alvin Goldman vertreten wird, der selbst wiederum auf die Spiegelneuronentheorie zurückgreift (Gallese/Goldman 1998).

Kritik

Ein zentraler Einwand gegen spiegelneuronale Ansätze war fast von Beginn an, dass die Studien an Affen auf Menschen übertragen wurden und dass zudem das Handlungsverstehen auf das Emotionenverstehen appliziert wurde. Hickok (2015), Verhaltensforscher und Kritiker einiger der kognitionswissenschaftlichen Studien hinsichtlich Spiegelneuronen, wendet ein, dass die Forschung an Menschen methodisch anders verläuft, weil man keine Elektrode direkt in das Hirngewebe implantiere. Man könne daher nur spiegelähnliche Eigenschaften innerhalb eines neuronalen *Systems* identifizieren, nicht einzelne Neuronen. Hickok mahnt zur Vorsicht, eine direkte Analogie zwischen den tierischen und den menschlichen Reaktionen zu ziehen. Er stellt die Frage, ob die verschiedenen Mechanismen auch unterschiedliche Funktionen erfüllen. Tests ergaben, dass die motorische Erregbarkeit der Neuronen beim Menschen auch dann anstieg, wenn Nicht-Greifhandlungen beobachtet wurden, wenn zum Beispiel nur Formen in die Luft gezeichnet wurden. Interessant daran ist, dass Menschen offenbar auch dann in einer Weise spiegelneuronal reagieren, wenn eine Handlung nur vorgetäuscht oder imaginiert wird (vgl. Hickok 2015: 43 f.). Das spricht allerdings nicht gegen die Spiegelneuronen an sich. Vielmehr würde es darauf verweisen, dass beim Menschen die Vorstellungskraft noch zusätzlich eine Rolle spielen könnte, ein Gedanke, der spiegelneuronal unterfütterte Simulationstheorien, wie Alvin Goldman sie vertritt, stützen würde (vgl. Kap. III.2). Es könnte außerdem dafür sprechen, dass Spiegelneuronen nicht nur eine direkte kooperative, möglicherweise überlebenswichtige Funktion haben: Denn wer neuronal voraussagen kann, was Andere vorhaben, verfügt über eine evolutionär betrachtet wichtige Fähigkeit. Spiegelneuronen könnten, bei imaginierten Handlungen, zudem auch zum Einüben dieser Fähigkeit dienen.

Ein weiterer Kritikpunkt Hickoks betrifft die Unklarheit, welche Fragen sich mithilfe der Spiegelneuronen darüber hinaus eigentlich beantworten lassen sollen: Helfen sie, die Intentionen und Handlungen Anderer zu *verstehen* und auf dieser Grundlage entsprechend weitere Handlungen vorauszuschauen? Oder sollen sie uns dazu verhelfen, andere Personen und ihre Weise, die *Welt wahrzunehmen*, besser zu verstehen? *Vorausschauendes* Verstehen von Handlungen, *Gründeverstehen* und perspektivisches, *existenzielles* Verstehen sind ja nicht das Gleiche. Oder sind Spiegelneuronen notwendig für Sprachwahrnehmung und Sprachverständnis? Für Lernen? Für Kooperation? Oder für ein darüber hinausgehendes soziales Miteinander? Liest man verschiedene kognitionswissenschaftlich-philosophische Artikel, so taucht mal der eine, mal der andere Aspekt auf, wobei jener des Handlungsverständnisses und des Verstehens mentaler Vorgänge (wie Überzeugungen, Motivationen etc.), zudem des akkuraten Verstehens bei vielen spiegelneuronalen Ansätzen im Vordergrund steht. Wie Gallese und Goldman in einem gemeinsamen Aufsatz schreiben, besteht eine mögliche Funktion des Übereinstimmungssystems der Spiegelneuronen (»matching system«) darin, dass wir damit die mentalen Zustände anderer Mitglieder unserer Spezies *erkennen* können und dass diese entsprechend unserer Fähigkeit des »mindreading« zugrunde liegen. Als hier zentrale mentale Zustände, die wir korrekt »lesen« können sollen, werden Ziele, Absichten und Überzeugungen genannt (Gallese/Goldman 1998). Gallese spricht aber auch von der phänomenologischen Ebene der Sinneseindrücke und Emotionen (Gallese 2003). Da Goldman die Spiegelneuronen auch als eine Ingredienz von Simulationen ansieht, stellt er sie außerdem in direkten Zusammenhang mit Perspektiveneinnahmen. Eine »Perspektive« zu haben ist aber, wie schon in Teil I angedeutet, phänomenologisch sehr komplex: Wir können mindestens zwischen perzeptiven, epistemischen, emotionalen, evaluativen, motivationalen Perspektiven und Metaperspektiven unterscheiden. Eine Perspektive zu haben bedeutet, dass wir von einem subjektiven Standpunkt aus die Welt wahrnehmen, dass wir situativ und individuell fühlen, dass wir die Welt von diesem Standpunkt aus beurteilen; es kann aber auch bedeuten, dass wir bestimmte Handlungsoptionen bezogen auf unsere individuelle Situation haben (Schmetkamp 2019). Präreflexiv und mimetisch über die Wahrnehmung einer Handlung eines Anderen zu *reagieren* ist sicherlich nicht das Gleiche, wie wenn wir eine Perspektive in dem eben beschriebenen komplexen Sinne einnehmen. Ferner: Wenn die Funktion darin besteht, dass wir durch die spiegelneuronale Imitation verstehen, was die andere Person denkt und plant, bedeutet das zugleich nicht, dass ich ihre *Perspektive verstehe*. Nur wenige Ansätze unterscheiden hier zwischen dem »Verstehen, dass ...«, dem »Verstehen, warum ...« und dem »Verstehen, wie ...«. Ähnlich dem »Wissen, dass *p*« ist das »Verstehen, dass *p*« ein propositionales Verstehen, wobei *p* für eine beliebige Aussage oder Proposition steht (Gabriel 2013). Wir verstehen (erkennen) zum Beispiel, dass jemand den Schirm aufspannt (z.B. weil es regnet und er nicht nass werden will). Es handelt sich um eine wahrheitsfähige Aussage. Das »Verstehen, warum ...« steht hier in enger Beziehung: Es bezieht sich auf das Verstehen der *Gründe* für eine Handlung. Wir können die schirmaufspannende Person fragen, ob der Regen und das Nicht-nass-werden-Wollen die Gründe für ihre Handlung sind. Beide, »Wissen« und »Verstehen«, könnten in einem noch weiteren Sinne verstanden werden: Demgegenüber ist nämlich das »Verstehen, wie ...« ein nicht-propositionales Verstehen. Nicht-propositional heißt, dass etwas nicht auf eine wahrheitsfähige Aussage zu bringen ist. Wir können nur umschreiben, wie es sich anfühlt, eine bestimmte Nuance von Rot als warm oder als bedrohlich wahrzunehmen. Ein anderes Beispiel: Wir könnten die Vermutung äußern, dass wir verstehen, wie jemand sich fühlt oder wie jemand die Welt wahrnimmt, etwa durch eine »rosarote Brille«. Wir können aber nur andeuten – gegebenenfalls nur anhand weiterer Metaphern –, was das genau impliziert. Während Resonanztheorien und Theorien des Geistes in erster Linie ein »Verstehen, dass ...« im Auge zu haben scheinen, setzt die Phänomenologie auf das »Verstehen, wie ...«: Wie *erfahren* wir unsere Welt als verkörperte und soziale Wesen? In der Debatte wird also nicht selten auch aneinander vorbeigeredet, weil unterschiedliche Theorien sich auf unterschiedliche Funktionen und Outputs der Empathie fokussieren. Hickok bezweifelt das Handlungsverständnis durch Spiegelneuronen weitestgehend: »Wir sind uns alle einig, dass Spiegelneuronen sehr interessante neuronale Gebilde sind, aber die Vorstellung, sie könnten die Grundlage für das Handlungsverständnis darstellen, ist verdammt nah an wirrem Gefasel.« (Hickok 2015: 14)

Noch eine Schwierigkeit besteht, wenn es um das Spiegeln von Emotionen geht: Welche Komponenten von Emotionen werden eigentlich gespiegelt? Abgesehen von einer rein pysiologischen Emotionstheorie, die Emotionen bloß als Folge oder Begleiterscheinung von Körperreaktionen ansieht, gehen die meisten Emotionstheorien davon aus, dass Emotionen und andere Empfindungsmodi sehr komplex sind. Sie haben zum Beispiel ein Objekt, sie sind intentional auf Eigenschaften dieses Objekts gerichtet, sie beinhalten ein Urteil über dieses Objekt, sie fühlen sich *irgendwie* an, sie drücken sich aus, sie implizieren die Bereitschaft zum Handeln: Meine Angst vor dem Löwen beinhaltet etwa das Urteil, dass der Löwe eine Gefahr für mich darstellt. Rudimentäres spiegelneuronales Reagieren auf einen ängstlichen Gesichtsausdruck spiegelt nun vielleicht den Typus und die Valenz der Emotion – es handelt sich um Angst, nicht um Freude, und diese Angst ist negativ, nicht positiv. Aber das intentionale Objekt der Emotion wird durch das Spiegeln nicht erschlossen.

Ein weiterer, gewichtiger Kritikpunkt betrifft schließlich den Aspekt der Vereinigung des Subjekts mit der es umgebenden Welt via Spiegelneuronen. Gallese spricht von einer Wir-Zentrierung der Intersubjektivität, bei der Subjekt-Subjekt nicht voneinander getrennt sind, sondern eine Einheit bilden (Gallese 2003). Drei Kritikpunkte gilt es gegen diese Einheitsidee vorzubringen: Erstens wird eine solche Fusionsthese entwicklungspsychologisch für die erste Entwicklungsphase eines Menschen plausibel, in der der Säugling und die Mutter eine symbiotische Einheit bilden. Wie in Kapitel II.5 erläutert, spricht Max Scheler von einem »Einsfühlen« und unterscheidet dieses von einem »Miteinanderfühlen« und weiteren Formen der Sympathie sowie der Gefühlsansteckung, von der Einsfühlen eine gesteigerte Form ist (Scheler 1948: 15 ff.). »Einsfühlen« meint, dass das eigene Ich sich vollständig mit einem fremden Ich identifiziert. Solche Formen der Einheit oder Immersion in unsere Umgebung, bei der sich die Grenzen von Ich und Anderen, von Subjekt und Welt aufzulösen scheinen, erleben wir partiell auch in hypnotischen, religiösen, mystischen oder drogeninduzierten Erfahrungen, in der »Ekstasis«, wie Scheler schreibt, bei der ein Gefühl von Wir- oder Einssein mit der uns umgebenden Welt entstehen kann. Aber ist dieses Phänomen, wie es auch stellenweise bei den Spiegelneuronen-Theorien anklingt, gleichzusetzen mit dem Verstehen von Handlungen und ihren Motiven anderer Subjekte im interaktionalen Raum? Zweitens ist dann konzeptuell zu problematisieren, was für eine Art von Verstehen die Form der subjektauflösenden Einsfühlung ist. Im Fall von verstehender Empathie ist die Subjekt-Subjekt-Beziehung ganz klar von einer Selbst-Anderer-Unterscheidung geprägt, und es geht um eine Vergegenwärtigung der mentalen Zustände und/oder – je nach Theorie – der Erfahrungen und Perspektiven verkörperter, situierter *Anderer*, deren Alterität bestehen bleibt. Die meisten Theoretiker*innen in der Empathie-Debatte weisen deshalb darauf hin, dass emotionale Resonanz oder Ansteckung konzeptuell und phänomenologisch von der Empathie zu unterscheiden ist. Beides sind Phänomene im Miteinander, aber sie sind qualitativ, vom Gehalt und vom Ergebnis voneinander zu unterscheiden. Damit ist sogleich der dritte Kritikpunkt angerissen: Denn Gallese ebenso wie Goldman beziehen sich primär auf Lipps, vermengen aber auch seine Theorie mit den Konzeptionen von Husserl, Scheler, Stein, während Letztere sich gerade gegen Lipps und dessen Imitationstheorie ausgesprochen haben.

Leibliche Resonanz

Unter die Gruppe der Resonanztheorien soll hier nicht nur die Theorie der Spiegelneuronen gefasst werden, sondern auch Theorien leiblicher Synchronisation und Resonanz. Im Unterschied zu ersteren konzentrieren diese sich weniger auf die neurophysiologischen Mechanismen als auf eine ganzheitliche leibliche Reaktion in der Interaktion bzw. Kommunikation mit Anderen. Dies geschieht zum einen aus der Richtung der Primatologie und Kooperationsforschung, wie etwa seitens Frans de Waals (de Waal 2009), aber auch aus der Richtung philosophischer Verkörperungstheoretiker*innen. De Waal konzentriert sich in seinem Buch *Das Prinzip Empathie* (2009) auf die Natürlichkeit der Empathie im zwischenmenschlichen Verhalten. Er hebt hervor, dass wir Menschen soziale Wesen sind, dass Autonomie und Freiheit individualistische und liberalistische Prinzipien sind, die wir uns errungen haben; wir kommen aber nicht als bloß vernünftige Einzelwesen auf die Welt, sondern sind immer in Zusammenhänge eingebunden, von Anderen abhängig, oder Andere sind abhängig von uns. Im Zentrum von de Waals Empathie-Theorie steht die menschliche Fähigkeit und Notwendigkeit der Synchronisation: Nachahmung und Gleichschaltung von Verhalten haben sich seinen Studien zufolge sowohl im Tierreich als auch im Leben der Menschen sowie in der Kooperation zwischen Tieren und Menschen als wichtig für Überleben und zwischentierliche Kommunikation erwiesen. Von Geburt an stellten wir uns auf andere Lebewesen ein, ahmten sie nach, und dies sei nicht nur ein spiegelneuronales Imitieren, sondern eine besondere Form ganzkörperlicher Wahrnehmung des fremden wie des eigenen Körpers, nämlich Body-Mapping: »Wenn ein Erwachsener die Zunge herausstreckt, reagiert ein menschliches Neugeborenes, indem es dasselbe tut.« (de Waal 2009: 75 ff.) Auch den Gähnreflex zählt er dazu. Solches Nachahmen und gegenseitiges Koordinieren manifestiere und stärke die Bindung zwischen Artgenossen und mache viele gemeinsame Handlungen erst möglich. Die tierische und menschliche Kognition, so de Waal, vollziehe sich sehr stark über den Körper: »Der Körper ruft innere Empfindungen hervor und kommuniziert mit anderen Körpern: Auf diese Weise erarbeiten wir soziale Bindungen und eine Einschätzung der uns umgebenden Wirklichkeit.« (de Waal 2009: 84) Das gehe über den alten Herdentrieb und bloßes Imitieren hinaus: »Die neue Ebene verlangt, dass man genauer auf das achtet, was andere tun, und sich einprägt, wie sie es tun.« (de Waal 2009: 87 f.)

Diese These teilen auch Phänomenolog*innen und Vertreter*innen von Theorien verkörperter Kognition (Fingerhut et al. 2013). Im Rückgriff auf den Phänomenologen und Psychologen William James betonen Philosoph*innen die Verkörperung und Situierung des menschlichen Leibes und betrachten diesen als »höchst sensiblen Resonanzkörper, in dem jede Emotion widerklingt« (James 1884; zitiert nach Fuchs 2014); de Waal spricht von einem »Echo« (de Waal 2009: 84). Die leiblich empfundenen Emotionskomponenten werden hierbei auch als Rückkopplung für eine Verstärkung oder Kontrolle der Emotionen verstanden. Zum Beispiel kann das körperliche Gefühl von Kälte in einem Raum auch den emotionalen Eindruck von einer »unterkühlten« oder feindlichen Situation verstärken und umgekehrt: Wer eine soziale Ausschluss-Situation erlebt, empfindet auch die Temperatur eines Raumes danach als kälter (Fuchs 2014: 14). Umgekehrt können wir anhand unseres körperlichen Ausdrucksverhaltens unsere Emotionen beeinflussen: In einer gedrungenen oder angespannten Haltung neigen wir zu negativen Emotionsempfindungen und in einer aufrechten zu positiven. Wer selbstbewusst oder mutig erscheinen will, sollte eine solche Haltung annehmen. Oder denken wir an den Ausdruck »sich zusammenreißen«, wenn die Gefühle in einer bestimmten Situation nicht ihren Raum bekommen sollen.

Leibliche Resonanztheorien – neben Thomas Fuchs sind hier u.a. auch Giovanna Colombetti (2014) und Evan Thompson (2007) zu nennen – betonen die Verknüpfung von intentionalem Welt- und qualitativem Selbstbezug in der Emotion: Wir sind mit unseren Emotionen zwar immer wahrnehmend auf etwas gerichtet, aber umgekehrt sind *wir* es, die sie wahrnehmen, und zwar mit unserem *Leib*. Thomas Fuchs etwa begreift den Leib als das »Medium der affektiven Intentionalität selbst«, der sich in einem geteilten Gefühlsraum bewegt oder bewegt wird (Fuchs 2014: 15). Der Leib fungiere dabei selbst als ein Resonanzboden, etwa für die Stimmungen des Subjekts und dessen Umgebung. Leibphilosophische Ansätze wie diese wollen den Dualismus zwischen innerer und äußerer Welt, zwischen Seelenleben und Umgebung aufheben. Hermann Schmitz zum Beispiel schreibt Gefühlen eine Räumlichkeit zu, das heißt, sie sind nicht nur im Leib oder Körper spürbar, sondern erstrecken sich als Atmosphären in den Raum (Schmitz 2007: 22). Entsprechend der Betonung des Leibes hat Schmitz beispielsweise auch den Begriff der »Einleibung« geprägt, der mit dem der Einfühlung verwandt ist, aber den Leib und die Verkörperung des Subjekts in seiner Umwelt noch stärker berücksichtigt. Einleibung impliziert taktile, synästhetische, kinästhetische und dialogische Eindrücke des Subjekts mit den Objekten und Subjekten seiner Umwelt. Schmitz wie Fuchs heben hervor, wie mitbestimmend unsere Körperhaltung zum Beispiel für bestimmte Empfindungen ist oder wie unser propriozeptives Leibempfinden auch für die Weise, wie wir mit Anderen empathisieren, einen nicht unerheblichen Einfluss hat. Wenn wir Zeuge einer für eine andere Person beschämenden Situation werden, so sprechen wir oft davon, »peinlich berührt« zu sein, ein Ausdruck, der nicht nur unsere visuell-perzeptive Wahrnehmung der Situation und ihrer Expressivität enthält, sondern eben auch unseren leiblichen Eindruck: Wir sind *berührt*. Ein Ereignis wie eine Trauerfeier kann uns *bewegen*, was Fuchs dazu veranlasst, die »Motion« in der Emotion zu betonen (Fuchs 2014: 16). Haben wir eine abwehrende oder in uns gekehrte Körperhaltung, öffnen wir uns erwartbar schlechter gegenüber Anderen, als wenn wir zum Beispiel unsere Schultern öffnen oder unseren Blick weiten. Die Schmitz'sche Einleibung scheint sogar noch eine Vorstufe vor der Einfühlung bzw. der Empathie zu sein und eine direkte leibliche Kommunikation »vor jeder Deutung« zu bilden (Schmitz 2007: 37). Thiemo Breyer spricht von einer empathischen Synchronisierung: Resonanz ist nicht nur ein »pathisches Sich-affizieren-Lassen«, sondern auch ein aktives Mitschwingen (Breyer 2015b: 49). Interessant ist hierbei, dass die Fähigkeit zur Empathie entscheidend auch von dieser Aktivität *und* Interaktivität abhängt und nicht etwas ist, das sich selbstverständlich und automatisch einstellt: dass also die Empathie nicht nur als Fähigkeit der sensitiven Wahrnehmung oder Imagination kultivierbar ist, sondern auch mehr oder weniger von unserer leiblichen Verankerung, unserem körperlichen Habitus und der wechselseitigen Reaktion abhängen kann. Wie wir später noch sehen werden, vertreten einige Phänomenolog*innen eine narrativistische Empathie-Theorie, wonach wir uns auf die Narrative anderer Personen oder Gruppen einlassen und diese implizit oder explizit nachvollziehen. Den Umgang mit solchen (kulturellen und individuellen) Narrativen lernen wir in der Kindheit und verbessern ihn im Laufe unseres Lebens. Die Leibphänomenologie legt nahe, dass wir aber auch unsere leiblich-kommunikativen Fähigkeiten lernen oder verlernen können, je nachdem, in welcher Phase unseres Lebens wir uns befinden, welche Erfahrungen wir gemacht haben, welche psychologischen Herausforderungen sich uns stellen mögen. Ein Mensch mit einer posttraumatischen Belastungsstörung etwa kann unter anderem sein Grundvertrauen in die Welt und seine Mitmenschen als derart erschüttert erleben, dass er sich zusammenzieht, zurückzieht, den Kontakt meidet, den Blick senkt, sich also gerade nicht öffnet, sondern sich abschirmt. Diese leibliche Ausgangshaltung legt es der Leibphänomenologie folgend nahe, dass eine solche Person gerade nicht in der Lage ist, sich gut in Andere einzufühlen, bzw. die *Einleibung* vielleicht abwehrt. Die Traumatisierung kann mit einer Entfremdung einhergehen, bei der sich der eigene Leib als von der Welt abgesondert anfühlt und eben nicht in die Welt eingelassen, so dass es zu einer Störung der (zwischen-)leiblichen Resonanz kommt, wie wir es etwa in Albert Camus̀ Erzählung *Der Fremde* (1961) anschaulich erfahren können. Fuchs beschreibt den Zusammenhang zwischen seelischen, leiblichen und zwischenmenschlichen Erfahrungen ganz ähnlich am Beispiel der klinischen Depression:

»Die Einschnürung, das Erstarren des Leibes in der Depression führt zu einer allgemeinen emotionalen Taubheit, Gefühllosigkeit und schließlich zu einer emotionalen Depersonalisation [...] Die Patienten sind dann nicht mehr in der Lage, von Dingen, Situationen oder anderen Personen berührt und affiziert zu werden.« (Fuchs 2014: 16 f.)

Mit anderen Worten: Wir können uns geistig und leiblich derart von dem uns sonst umgebenden Gefühls- oder Atmosphärenraum abgetrennt fühlen, dass auch eine empathische Kommunikation nicht mehr möglich ist. Umgekehrt beeinflusst ein sich zurückziehender Mensch auch die Empathie *durch* Andere. Wir haben die Abhängigkeit der Empathie von dem, was uns die empathisierte Person bietet oder was diese erwartet, in Teil I am Beispiel des Buchs *Die Empathie-Tests* von Leslie Jamison angesprochen. Auch hier hilft uns ein Blick auf unsere Alltagssprache weiter: Manchmal bleibt uns ein Mensch *verschlossen*, Andere *öffnen* sich uns eher. Dies sind dynamische Begriffe einer Abwehrhaltung oder einer Zuwendung, die sich auf die empathisierenden Personen auswirken, was die »Interaffektivität« (Fuchs 2014: 17) und leibliche Verankerung der Empathie verdeutlicht. Dabei wird der empathische Vorgang selbst als etwas primär Leibliches erfahren: Unser Leib wird affiziert von dem Gefühlsausdruck eines anderen Menschen, und wir erfahren die Kinetik und Intensität seiner Emotionen an unseren eigenen leiblichen Bewegungsimpulsen und Empfindungen.

Dies ist die eigentlich *zwischenleibliche* Resonanz (im Unterschied zur eigenleiblichen, propriozeptiven oder introspektiven Resonanz). Fuchs meint, dass beides in der Empathie und im sozialen Verstehen als leibliche Basis seinen Platz hat und zudem neuronal im Spiegelneuronensystem bestätigt wird. Interaktionstheoretiker wie Fuchs betonen aber auch die Wechselseitigkeit der Empathie: dass nicht nur wir spiegelbildlich mit dem Anderen empathisieren, sondern dass uns der Andere in seiner Fähigkeit der Einfühlung etwas zurückspiegelt und *vice versa*. Der Spiegel ist auch als Metapher zu verstehen: Ich erkenne durch die Spiegelung des Anderen etwas bislang Unbekanntes, es kommt idealiter zu einer neuen Fremd- und Selbsterkenntnis. Anders als im neurowissenschaftlichen Zugang geht es hier also um eine im Austausch dynamisch entstehende Horizonterweiterung und nicht um bloße Mimikry. Resonanz bedeutet auch Feedback und steht damit nicht zuletzt dafür, wie der Andere auf meine Reaktionen wiederum reagiert.

»Die personale Wiedererkennung kann auch als emotionale Reaktion auf den Zustand eines Anderen erlebt werden, den man beobachtet oder direkt miterlebt und dabei erkennt, dass man eine gemeinsame Erfahrungsgeschichte hat oder einen ähnlichen Erfahrungshorizont wie der Andere besitzt. Ich erkenne mich im Anderen wieder, weil ich bemerke, dass es mir auch schon einmal so ergangen ist, wie es ihm jetzt ergeht.« (Breyer 2015a: 50)

Es geht, mit anderen Worten, nicht nur um ein »Verstehen, das sich satzförmig artikulieren ließe, sondern um ein gemeinsames leibliches Erleben, in dem man sich mit dem Anderen auf unmittelbare implizite Weise verbunden fühlt« (Breyer 2015a: 51). Bei der Empathie ist diesen Ansätzen entsprechend der gesamte Leib involviert, und sie ist nicht auf die Gehirnaktivität reduzierbar.

III.2 Theorien des Geistes

Uns begegnen täglich so viele Menschen, dass wir wahrscheinlich verrückt würden, wechselten wir wie ein Ping-Pong-Ball im Rundlauf von einem zum nächsten und reagierten dann bei allen spiegelneuronal. Stattdessen selektieren und priorisieren wir angesichts der mannigfaltigen Stimuli, die auf uns eintreffen, unsere Aufmerksamkeit und fokussieren auf das, was für uns in einer gegebenen Situation und für die erforderlichen Handlungen relevant ist. Das spricht nicht per se gegen die Spiegelneuronentheorie. Aber es spricht dafür, dass wir unsere Empathie kontextabhängig und relational steuern können und dass das spiegelneuronale Reagieren als *automatische* Resonanz nicht der zentrale Weg zum Verstehen von und zum Interagieren ist. Die spiegelneuronalen Reaktionen sind eher zu vergleichen mit emotionalen Ansteckungen, die über uns kommen, ohne dass wir uns dessen bewusst sind. Sie sind eher ein kausaler Mechanismus des Zustoßens als ein intentionaler Akt der Hinwendung zu dem Anderen. Aber beide Formen scheint es in unserem Umgang mit Anderen durchaus zu geben, es ist einfach die Frage, was davon aus welchen Gründen als Empathie bezeichnet werden soll.

Anhand unserer Erfahrungen mit fiktionalen Charakteren in Film und Literatur – übrigens ein in der Empathie-Debatte vielfach diskutierter Anwendungsbereich – lässt sich sehr anschaulich erklären, wie wir verschiedene Prozesse des Fremdverstehens durchlaufen: Unsere Aufmerksamkeit wird in der Regel von der ersten Einstellung an auf bestimmte Merkmale und Figuren gelenkt, die unsere restliche perzeptive und affektive Filmerfahrung prägen, wenn nicht manipulieren (vgl. auch Kap. IV.2). Die derart präfokussierenden Narrative eines Romans oder eines Films zeigen auch Wege auf, die Welt zu interpretieren, und zwar nicht nur durch das, was sie darstellen, sondern auch dadurch, wie sie emotionale Reaktionen der Zuschauer*innen auslösen. Der Filmwissenschaftler Murray Smith spricht hierbei von der Technik des »alignment«, der Anbindung der Zuschauer und Leserinnen an die zentralen Charaktere durch die narrativen und (film- oder literatur-)technischen Lenkungen (Smith 1997). Diese Bindung entsteht beim Film zum Beispiel aus der über Bild, Ton und Bewegung vermittelten, raumzeitlichen Verbundenheit und einem auf diese Weise ermöglichten intimen Zugang zu den internen und externen Erlebnissen der Figuren. Ihre Perspektive steht im Mittelpunkt des Narrativs und wird darum auch unseren Aufmerksamkeitsfokus lenken. Unser »Mitgehen« mit den Hauptfiguren unterscheidet sich daher auch stark von unserer Reaktion auf Nebenfiguren und deren Erlebnisse; hier lässt sich sehr schön der Unterschied zwischen einer primitiveren und einer anspruchsvolleren Empathie zeigen: Über Nebenfiguren wissen wir schlichtweg zu wenig, als dass wir uns in deren Situation gut hineinversetzen könnten. Unsere Reaktion auf diese ist oberflächlich, beruht meist auf Vorurteilen, ruft Stereotype ab und geschieht daher möglicherweise tatsächlich nur auf spiegelneuronaler Ebene – Ad-hoc-Reaktionen eines automatischen affektiven Mitgehens: Wir ziehen uns zusammen, wenn wir auf der Leinwand sehen, wie jemand geschlagen wird. Demgegenüber ermöglicht uns die komplexe Anbindung an die zentralen Charaktere und deren Narrativ ein viel tieferes Einlassen. Empathie wird, so werden wir gleich sehen, von vielen eher als ein bewusstes, aktives Einnehmen von Perspektiven verstanden. Darauf, so meinen einige, bauen dann verschiedene Formen des sympathetischen Mitfühlens auf.

Im Umgang mit realen Personen haben wir zwar *prima facie* keine von außen gesteuerte Lenkung und Fokussierung durch eine festgelegte narrative Struktur, wir haben keinen klar abgesteckten Rahmen. Aber auch in unserem alltäglichen Miteinander gibt es bestimmte situations-, personen- und handlungsbedingte Begrenzungen unseres Blickwinkels und damit auch unseres empathischen Feldes. Auch hier strukturieren wir unser Umfeld nach relevanten Kontexten und Narrativen: Wenn wir als Verkehrsteilnehmerinnen im Straßenverkehr mit dem Fahrrad unterwegs sind, wollen wir wissen, was die anderen Verkehrsteilnehmer vorhaben, um unser eigenes Verhalten darauf abstimmen zu können. Wenn wir allerdings anhalten, weil wir auf dem Bürgersteig einen heftigen Streit zwischen zwei Passanten beobachten, rauscht der Verkehr derweil unbeteiligt an uns vorüber, der Fokus unserer Aufmerksamkeit hat sich verschoben: Wir richten ihn nun auf die Streitenden vor uns, um vielleicht dadurch die Situation in der Hinsicht abschätzen zu können, ob wir eingreifen sollen oder nicht. Unser empathisches Involviertsein in eine Situation hängt also stark davon ab, worauf unsere Aufmerksamkeit gerichtet ist; und dies hängt wiederum von unserer eigenen Situiertheit und unseren Handlungsabsichten ab. Angenommen, die Beobachtung zweier Streitender löst tatsächlich auf neuronaler Ebene etwas aus – haben wir dadurch die Situation verstanden? Viele Empathie-Theoretiker*innen verneinen das. Die neuronale und körperliche Resonanz auf die Wut eines Anderen ist nicht das Gleiche wie ein *Verständnis* dieser Wut und dessen, wie es ist, sie zu empfinden. Wie wir schon bei Adam Smith gesehen haben, könnte es sogar gerade bei diesen komplexen und negativen Emotionen sein, dass sie uns anfangs abschrecken, uns sogar gegen die Person aufbringen und wir erst einen komplexeren Nachvollzug durchlaufen müssen, um die Wut der Person verstehen zu können, und dieser Nachvollzug geht gerade über die spontane Reaktion hinaus.

Nach Ansicht zweier zentraler Theorien zur Empathie, die nun im Folgenden näher erläutert werden sollen, greifen wir dabei auf ein Wissen oder auf Erfahrungen zurück, die uns einen Zugang zu den mentalen Prozessen – dem Geist – Anderer ermöglichen. Wir haben und brauchen gewisse psychologische Grundlagenkenntnisse über andere Personen als »minded creatures«, um überhaupt als soziale Wesen interagieren zu können, so jedenfalls die These der Vertreter*innen einer Theorie des Geistes (Stueber 2006). Empathie in diesem Sinne hat zum einen eine epistemische Funktion in der Hinsicht, dass wir Andere als rationale Akteure erkennen und verstehen; damit hat sie zudem eine wichtige soziale, vielleicht sogar Überlebensfunktion: Denn eine Unfähigkeit oder Unbegrenztheit, Andere und ihre (rationalen) Gründe für ihr Handeln zu »lesen«, würde uns in eine derart unvorteilhafte Lage versetzen, dass wir kaum die eigenen Interessen oder die unserer Familie, sozialen Gruppe etc. verfolgen könnten. Schauen wir uns im Folgenden zunächst die zwei dominierenden Ansätze der Empathie-Debatte an: Unter dem

Oberbegriff *Theorie des Geistes* werden dort die Theorie Theorie (TT) und die Simulationstheorie (ST) subsumiert. Beide gehen zunächst einmal grundlegend davon aus, dass der menschliche Geist nach bestimmten psychologischen Grundmustern funktioniert und dass wir von denselben mentalen Konzepten ausgehen, sowohl aus der Perspektive der ersten wie der dritten Person. Die beiden Theorien TT und ST unterscheiden sich aber stark im Hinblick darauf, wie sie jeweils den Prozess begreifen. Die TT geht davon aus, dass wir Andere auf der Basis jener erwähnten allgemeinen alltagspsychologischen Theorie verstehen, oder anders gesagt: dass wir eine Theorie geistiger Zustände (wie Überzeugungen, Emotionen, Wünsche, Gründe) anwenden, die wir uns in der Kindheit angeeignet haben oder die angeboren ist. Die Simulationstheorie argumentiert dagegen, dass wir nicht bloß wie ein Beobachter aufgrund gewusster Muster deduktiv Schlüsse ziehen, wie viele Theorie Theoretiker meinen[7], sondern dass wir unseren eigenen Geist als Modell verwenden und dann induktiv von dort aus auf den Zustand der beobachteten Person projizieren. Beide Ansätze gehen aber davon aus, dass uns der Geist Anderer verschlossen, »okkludiert« ist und dass wir keinen direkten Zugang zu deren Zuständen haben (Breyer 2015b).

Theorie Theorie

Die Theorie Theorie hat ihre anfangs doch etwas unelegant wirkende, dann aber völlig einleuchtende Bezeichnung daher, dass sie davon ausgeht, wir hätten als Menschen eine allgemeine und implizite Theorie des Geistes, eine volks- oder alltagspsychologische Theorie darüber, wie wir und andere Menschen hinsichtlich Überzeugungen, Wünschen, Emotionen und deren Zusammenwirken mental funktionieren. Sie ist also die Theorie von einer Theorie, kurz: Theorie Theorie (TT). In unserem Zusammentreffen mit anderen Menschen kommt es uns darauf an, so der Kerngedanke, das Handeln der Anderen erklären oder vorhersagen zu können – als Grundlage unseres sozialen Interagierens und Zusammenlebens. In der Literatur wird dies auch unter dem Stichwort des »mindreading« diskutiert. Darunter wird die Fähigkeit zur Repräsentation der mentalen Zustände wie Wahrnehmungen, Wünsche, Ziele, Überzeugungen, Erwartungen etc. verstanden. Unser »Lesen« mentaler Zustände geschehe anhand eines abstrakten, kausal-erklärenden Musters. Eine Vorhersage über das Verhalten Anderer würde nach der TT folgender Formel folgen: »Wenn jemand wünscht, x zu tun, und er der Meinung ist, dass y ein notwendiges Mittel für x ist, dann wird er y tun.« (Stueber 2017: 20; Röska-Hardy 2009: 4064) Die Überzeugung des Anderen wird mit einer Entscheidung und diese mit einem Verhalten oder einer Motivation verknüpft. Wenn uns eine andere Person auf der Straße wütend anschreit, ist uns normalerweise auch daran gelegen zu wissen, was sie denkt und fühlt und was sie als Nächstes tun könnte. Sagen wir einen Angriff auf uns voraus, so werden wir uns möglicherweise in Sicherheit bringen wollen. Schlussfolgern wir dagegen, dass die Person etwas missverstanden hat, selbst emotional getroffen und eigentlich harmlos ist, gehen wir vielleicht zu ihr und beschwichtigen sie. Nach der TT sind wir, obzwar freilich auch Teilnehmerinnen, analysierende und kalkulierende Beobachterinnen der Situation: Wir betrachten das Geschehen aus der Perspektive der dritten Person.

Dass wir mentale Zustände anderer Personen auf diese Weise einschätzen, wird in kognitionswissenschaftlichen Studien mit dem sogenannten False-Belief-Test überprüft: dem Falsche-Überzeugungs-Test. Das Grundmodell funktioniert so: Kinder im Alter von drei bis vier Jahren sitzen in einem Zimmer, in ihrem Kreis eine Puppe namens Maxi, außerdem zwei Kisten. Ein Erwachsener steckt in die eine Kiste (A) einen Keks, in die andere (B) nicht. Nun wird Maxi aus dem Raum gebracht, und der Keks wird von A nach B verlegt. Die Kinder sind Zeuge dieses Tauschs, Maxi nicht. Als Maxi wieder hereingebracht wird, sollen die Kinder sagen, was Maxi denkt: Denkt sie, der Keks ist in A oder in B? Bis zu einer gewissen Entwicklungsstufe können die Kinder nur von ihren eigenen Überzeugungen auf die der Anderen schließen und nehmen daher an, Maxi habe die gleiche Überzeugung wie sie selbst, nämlich dass der Keks nun in Kiste B ist. Erst ab dem Alter von etwa vier Jahren können sie zwischen ihrer eigenen Perspektive und der einer anderen Person – und den Inhalten dieser Perspektiven – differenzieren. Sie können also Maxi eine *falsche Überzeugung* zuschreiben, nämlich dass diese immer noch davon ausgeht, der Keks sei in A.

Eine Theorie zu haben kann von Vorteil sein in völlig unbekannten, unvertrauten oder überraschenden Situationen. Ein Beispiel ist, dass wir mit einer Person aus einer völlig fremden Kultur konfrontiert sind. Die konkrete Perspektive der anderen Person, ihre Erfahrungen, ihre Werte, ihr Kontext sind uns unbekannt. Es könnte sein, dass uns hier nur Hypothesen über die mentalen Zustände dieser anderen Person zur Verfügung stehen, anhand deren wir allgemeine Schlussfolgerungen über ihr Verhalten ziehen können.

Kritik

Eine Kritik lautet, dass wir eher selten mit sehr unbekannten Situationen konfrontiert sind, sondern im alltäglichen Umgang vertrauten Personen und Kontexten begegnen und mit ihnen interagieren. Ein weiterer Kritikpunkt lautet, dass wir selten inferieren, sondern oft eher spontan reagieren, instinktiv. Entsprechend wird an der TT oft kritisch angemahnt, sie sei zu theoretisch und zu mentalistisch. Sie versuche das Verhalten von Personen auf ähnliche Weise zu verstehen wie Phänomene der Natur: indem Gesetze gesucht und Theorien gebildet werden, die dann darauf angewendet werden (Newen 2015; Vendrell Ferran 2018: 252 f.). Menschen folgten aber nicht solchen Gesetzmäßigkeiten, dazu sei jeder einzelne Mensch und auch jede konkrete Situation zu einzigartig. Noch ein Kritikpunkt betrifft jene erwähnte okklusionistische These, nach der uns der Geist anderer Menschen völlig verschlossen ist. Dagegen wenden insbesondere die klassische und die gegenwärtige Phänomenologie sowie die Theorien der Verkörperung des Geistes (»embodied cognition«) ein, dass wir zwar aus epistemologischen und ontologischen Gründen nie die Perspektive der ersten Person eines Anderen einnehmen können, dass uns aber dennoch der Geist Anderer in seinem jeweiligen *Ausdruck* und in unserer *Interaktion* mit ihnen gegenwärtig sei (Fingerhut et al. 2013). Ein weiterer Einwand betrifft den False-Belief-Test: Die entwicklungspsychologische Grundannahme, dass der Meilenstein der sozialen Kognition das Bestehen dieses Tests sei, wurde inzwischen zurückgewiesen. So sollen Studien zu dem Ergebnis gekommen sein, dass auch 15 Monate alte Kleinkinder bereits ein False-Belief-Verständnis besitzen: Die soziale Kognition sei nicht abhängig von konzeptuellen Fähigkeiten, sondern setze primitivere Verstehensprozesse voraus (Stueber 2017: 24).

Simulationstheorie

Die Simulationstheorie (ST) geht im Gegensatz zur TT nicht davon aus, dass wir ein Wissen des Geistes auf andere Personen applizieren, sondern dass wir in unserem eigenen Geist etwas nachspielen – *simulieren* –, was wir bei einem Anderen wahrnehmen (Goldman 2006; Stueber 2006). Grundlage dessen ist, dass der Geist aller Menschen eine ähnliche Struktur hat. Auf dieser Annahme basiert dann unser Versuch, die Prozesse der anderen Person in unserem eigenen Geist nachzuspielen und damit die *subjektiven Gründe* der anderen Person nachzuvollziehen (Stueber 2017: 22). Wir tun dabei so, als ob wir selbst die Überzeugungen, Wünsche, Emotionen des Anderen hätten, bzw. wir generieren imaginierte, vorgetäuschte (»pretend«) oder »off-line« Überzeugungen, Wünsche, Emotionen. Angesichts einer Situation mit Handlungscharakter griffen wir als Beobachtende auf unsere eigenen mentalen Überzeugungs- und Entscheidungsmechanismen als Modell zurück, wobei dieser Mechanismus mit jenen mentalen Zuständen »gefüttert« werde, die wir in der Situation des anderen *hätten*. Paradigmatische Fälle, die untersucht werden, sind aber weniger die *Emotions*situationen als vielmehr *Entscheidungs*situationen. Deshalb wird auch häufiger der Begriff »mindreading« als »empathy« verwendet, weil es weniger um ein Einfühlen geht als vielmehr um ein »Lesen« der Gedanken anderer Personen, mittels dessen ihr Handeln und ihre Handlungsgründe zu verstehen sein sollen. Wie in Kapitel I bereits angedeutet wurde, ist bei den Diskussionen um Empathie daher stets darauf zu achten, was eigentlich von welcher Theorie beantwortet werden soll: ob es ihr um den Nachvollzug von Entscheidungen und Gründe für Handlungen geht, wie sie meist bei der TT und der ST im Zentrum stehen; oder ob es um Emotionen und Erfahrungen geht, wie sie sowohl die Resonanz- als auch die Interaktionstheorien in den Vordergrund rücken. Die Theorie des Geistes will rationale Akteurschaft und deren Verständnis untersuchen; die phänomenologischen Theorien wollen untersuchen, wie uns Andere als erfahrenden Subjekten gegeben sind und wie wir deren Erfahrung, wie etwas ist, vergegenwärtigen können. Das sind unterschiedliche Erklärungsziele.

Ein prominentes Beispiel der Simulationstheorie ist folgendes: Herr A und Herr B teilen sich ein Taxi zum Flughafen. Sie werden durch einen Stau aufgehalten, so dass sie beide ihren Flug verpassen. Herr A erhält am Flughafen die Information, dass sein Flug pünktlich abgeflogen ist. Herr B dagegen wird gesagt, er habe seinen *verspäteten* Flug um fünf Minuten verpasst. Welcher der beiden Passagiere ist wohl verärgerter? In einer Studie mit diesem Beispiel gaben die meisten der Befragten an, dass sie glaubten, Herr B sei verärgerter. Alvin Goldman und Vittorio Gallese führen das darauf zurück, dass die Befragten sich in beiden Fällen vorstellten, selbst in den Schuhen des jeweiligen Herrn zu sein, und zu unterschiedlichen Ergebnissen kamen (Gallese/Goldman 1998). Dazu bedürfe es keiner psychologischen Muster, wie es die TT annimmt. Als »pretend« oder auch »off-line« werden die imaginativen mentalen Zustände daher bezeichnet, weil sie nicht in uns selbst entstehen und nicht zu einem direkten Handeln motivieren, wie wenn wir selbst die mentalen Zustände unmittelbar in uns empfinden würden; vielmehr handele es sich um ein *Re-Enactment*, wie es der Simulationstheoretiker Karsten Stueber formuliert (2006), oder eine *Rekonstruktion*, wie es bei dem anderen führenden Simulationstheoretiker Alvin Goldman (2011) heißt. Wir spielen nach bzw. rekonstruieren, was wir in der Situation meinen oder empfinden würden, und schließen von dort auf die andere Person und ihre Gründe. Bevor wir hier ins Detail gehen, ist zu bemerken, dass einige Simulationstheoretiker*innen zunächst noch eine Unterscheidung zwischen einer niedrig- und einer höherstufigen Simulation machen: So meint etwa Alvin Goldman, dass es zwei Routen der Empathie gebe, die »mirror route« und die »reconstructive route«, wobei erstere in letzterer enthalten ist. Nach Goldman erkennen wir manche emotionalen Zustände zum Beispiel automatisch über den Gesichtsausdruck (Goldman 2006: 113 ff.). Auch Stueber schreibt von einer primitiven, basalen Empathie, die der höherstufigen vorausgeht. Sie sei das Fundament interpersoneller Beziehungen (Stueber 2006: 145). Und wie zuvor beschrieben, gehen auch Goldman und Gallese davon aus, dass Simulationen von spiegelneuronalen und resonanzartigen Prozessen entweder initiiert oder begleitet werden. Solche Prozesse seien wissens- und informationsarm, die höherstufigen Prozesse indes reichhaltig: Das heißt, sie setzen mehr Wissen voraus, führen aber auch zu einem reichhaltigeren Verständnis. Während wir über die basale Empathie mit spiegelneuronaler Resonanz erkennen, dass jemand wütend ist, verstehen wir in den höherstufigen Prozessen, aus welchen Gründen jemand wütend ist.

Goldman sieht den höherstufigen Prozess mit folgenden Eigenschaften ausgestattet: a) Er bezieht sich auf relativ *komplexe* mentale Zustände. b) Einige Komponenten des Prozesses unterliegen der willentlichen Kontrolle. c) Der Prozess ist zu einem gewissen Grad bewusst (Goldman 2006: 147 ff.). Goldman argumentiert, dass wir beim Simulieren – zum Beispiel der Überzeugung einer anderen Person – gleichsam eine vorgegebene Überzeugung (»pretend-belief«) bilden würden. Wir rekonstruierten die propositionalen Einstellungen der anderen Person über eine »enactment imagination», also eine Art inszenierende Vorstellung. Dieser Vorgang der »E-Imagination« impliziert manchmal auch ein mentales Bild, eine *visuelle* Vorstellung. Um auf das Konzept der Perspektive zurückzukommen, beinhaltet dies also auch, dass wir den tatsächlichen Standort der anderen Person, somit auch ihre visuelle Perspektive berücksichtigen. Das Einnehmen der Perspektive ist also nicht nur als Metapher zu verstehen, sondern beinhaltet die Rekonstruktion der raum-zeitlichen Verortung, die Einfluss hat auf das, wovon das empathisierte Subjekt überzeugt ist. Dennoch ist eine solch bildliche Vorstellung nicht notwendiger Bestandteil der Simulation, wie

Goldman betont (Goldman 2006: 149). Die Frage der Simulationisten lautet, wie wir zu einem akkuraten Ergebnis im Nachvollzug kommen, das uns adäquat Aufschluss darüber gibt, was die andere Person sieht, denkt, fühlt, vorhat. Dazu müsste der Zustand möglichst identisch nachgebildet werden. In der Simulation einer Handlungssituation verwendeten wir denselben Entscheidungsmechanismus, wie wenn wir aus unserer eigenen Erste-Person-Perspektive vor einer Entscheidung stünden. Das Ergebnis dieser gedanklichen Inszenierung wendeten wir auf die andere Person an und könnten damit ihre Entscheidung prospektiv voraussagen oder retrospektiv erklären. Während aber eine eigene, echte Überzeugung zu Entscheidungen für Handlungen führe, so führe eine vorgegebene Überzeugung, die nur »off-line« ablaufe, zu einer *vorgegebenen* Entscheidung, aber nicht zu einer Handlung. Wie erfolgreich das ist, hängt nicht nur von der Art und Weise der Simulation selbst ab, sondern auch von dem vorhandenen Wissen über die andere Person. Um akkurate Vorhersagen oder Erklärungen über das Handeln Anderer abgeben zu können, müssen daher zwei Bedingungen erfüllt sein: Erstens muss ich meine eigenen Überzeugungen, Erfahrungen etc. quasi unter Quarantäne setzen und die des Anderen, soweit es geht, annehmen. Dazu muss ich aber schon etwas über seine Haltungen, Überzeugungen, Emotionen, Wünsche etc. wissen. Zweitens müssen die vorgetäuschten Überzeugungen und Wünsche hinreichend ähnlich genug mit denen der Originalperson sein. Die meisten genannten Ansätze der ST gehen sogar davon aus, dass es auch zu einer Gefühlsübereinstimmung zwischen der beobachtenden und der beobachteten Person kommt. Wieso sollte aber eine imaginative Perspektiveneinnahme mit einer imaginativen Korrespondenz mentaler Zustände auch zu einer Duplikation der komplexen Gefühle des Anderen führen?

Gregory Currie argumentiert, dass wir zwar off-line nachvollziehen, in welchem mentalen Zustand wir wären, wenn wir uns in der Situation einer anderen Person befänden, aber dass wir nicht die gleiche Emotion empfinden würden: Wenn wir zum Beispiel aus der Ferne einen von einem Bären bedrohten Wanderer beobachten, so tauschten wir unsere eigenen Überzeugungen (zum Beispiel, dass wir in einer sicheren Situation sind) durch jene Überzeugungen aus, welche die Situation des Wanderers repräsentieren. Unsere mentalen Prozesse liefen dann nach diesem nur *imaginativen* Schema ab: Wir versetzten uns in einem ersten Schritt in die Situation des Anderen und imaginierten die sensorischen Informationen, die der Wanderer aus seiner Position erhält; wir stellten uns dann vor, welche Überzeugungen wir hätten, welche Wünsche, welche Entscheidungen wir treffen würden; wir imaginierten außerdem, welche Gefühle wir vor dem Hintergrund der sensorischen Informationen, der Überzeugungen, Wünsche und Entscheidungen hätten (Currie 1995: 144 ff.). Dieser Vorgang – so Currie gegen die TT – sei keiner des Kalkulierens oder des propositionalen Wissens; wir stellten nicht fest, *dass* wir die und die Überzeugungen hätten. Wir *beobachteten* vielmehr in der Imagination, wie wir reagieren würden. Wir erkennen zum Beispiel, dass wir Angst empfinden würden, wären wir in der Situation des Wanderers. Damit das geschieht, nehmen wir die Überzeugungen und Wünsche *zeitweise* wie unsere eigenen an. Aber weil das Ganze in der Imagination stattfindet, empfänden wir nicht tatsächlich die gleiche Angst wie der Wanderer oder wie wenn wir persönlich tatsächlich in dieser Situation wären; die Eindrücke werden nicht zu einer Handlung transformiert. Der imaginierte Prozess hat denn auch eine ganz andere Funktion: Es geht nicht darum, die Gefahr zu erkennen und uns zu schützen, sondern zu verstehen, was in der betroffenen Person vorgeht. Der simulative Prozess führe zu einem »Wissen, wie ...«, zu einem phänomenalen Wissen.

Ein Streitpunkt ist die Frage, wann wir von einem »gleichen« Fühlen sprechen sollen: wenn wir tatsächlich nachempfinden, wie die Angst in einer solchen Situation sich anfühlt. Viele unserer Gefühle führen nicht zu einer Handlung, sondern nur zu einer Motivation. Vielleicht spüren wir auch bei der Simulation einen Fluchtreflex. Dennoch ist anzunehmen, dass rein phänomenal nicht das gleiche Gefühl abläuft – wir haben in der Einleitung gezeigt, wie komplex Emotionen sind und dass sie a) aus Komponenten bestehen, b) oft in Clustern auftreten und c) höchst subjektiv sind. Vor diesem Hintergrund ist es plausibel anzunehmen, dass nicht alle diese Parameter imaginiert und vergegenwärtigt werden können. Es ist höchst unwahrscheinlich, dass es zu einer Isomorphie der Affekte und Emotionen kommt, sind diese doch so individuell und hochkomplex, dass eine Übereinstimmung schon aus epistemischen und ontologischen Gründen nicht möglich ist. Umgekehrt ist außerdem zu fragen: Wieso sollten wir den Zustand und das Handeln Anderer nur dann verstehen, wenn wir genau das Gleiche durchleben? Wir können zum Beispiel den *Genuss* von jemandem an etwas nachvollziehen, selbst wenn wir das intentionale Objekt der Situation nicht als genießbar, sondern als ekelhaft evaluieren. Stueber betont für den Erfolg einer Simulation und des Verstehens der mentalen Prozesse Anderer auch die intersubjektiven Beziehungen und das Wissen um die Gründe vor allem nahestehender Personen, weshalb sein Ansatz durchaus als hybrid gelten kann: Wie die Phänomenologie geht er davon aus, dass wir unsere eigene Subjektivität nur innerhalb unserer Intersubjektivität verstehen (Stueber 2006: 143). Wie Goldman oder auch wie Gallagher spricht er der spiegelneuronalen Resonanz auf der basalen Ebene des Fremdverstehens eine wichtige Rolle zu. Was die komplexe Empathie und das Lesen der mentalen Zustände und Prozesse Anderer betrifft, meint er, dass diese graduell unterschiedlich erfolgreich sind, je nachdem, in welcher Beziehung wir zu jemandem stehen. Nur wenn wir die soziale, kulturelle, familiäre etc. Umgebung und die biografischen Besonderheiten der Person kennen, ist es uns möglich zu bestimmen, ob die Gründe, die wir einer anderen Person zuschreiben, auch tatsächlich ihre subjektiven Gründe sind (Stueber 2017).

Kritik

Einige der Kritikpunkte gegen die ST lauten, erstens, dass sie wie die TT den Geist des Anderen als verschlossen betrachtet und darum annimmt, dass wir Anderen immer nur als Beobachterinnen begegnen (Gallagher 2012: 6). Allerdings sprechen auch ST-Theoretiker*innen von einem präreflexiven und ausdrucksbasierten Fremdverstehen (Stueber 2017: 24); zweitens wird kritisiert, dass die ST das, was sie zu erklären versucht, zugleich voraussetzt: Denn um in uns die mentalen Zustände nachzuspielen und uns diese zu erklären, müssen wir ja schon wissen, um was es sich handelt. Das heißt aber, dass der Simulation noch ein anderer Vorgang vorgelagert sein muss, wie zum Beispiel das *direkte* Wahrnehmen der Wut eines Anderen (Zahavi 2014). Eine dritte Kritik richtet sich gegen die »mirror route«, wonach im Simulationsprozess auch eine spiegelneuronale Imitation enthalten ist: Während nämlich Simulation als ein aufwendiger, aktiver Prozess der beobachtenden Person beschrieben wird, werden die Aktivierung von Spiegelneuronen und Resonanz auf einem subpersonalen Level durch die beobachtete Handlung der anderen Person ausgelöst und sind überhaupt nicht willentlich gesteuert oder steuerbar, noch sind sie dann als *vorgetäuschte* Prozesse erklärbar (Newen 2015). Auch würden dann Situationen mit mehr als einer Person sehr komplex werden: Würden unsere Neuronen mit allen Anwesenden spiegeln? Ein vierter Kritikpunkt ist, dass wir via Simulation von uns auf die Zustände der Anderen bloß projizieren: Aber wieso sollte das, was ich off-line nachspiele, dem entsprechen, was die andere Person fühlt, denkt oder wünscht? Diese Kritik richtet sich insbesondere gegen eine bestimmte Variante der Simulation, nämlich das »in-his-shoes-imagining«, bei dem sich die empathisierende (oder gedankenlesende) Person vorstellt, wie sie selbst in der Situation des Anderen fühlen, denken, wünschen würde. Dieser Prozess wird darum häufig als egozentrisch kritisiert, weil wir als Empathisierende das Zentrum – die Protagonistin – des Simulationsvorgangs sind und nicht eigentlich die andere Person. Von Fremd*verstehen* könnte dann aber eigentlich keine Rede sein. Es gibt aber noch eine Variante, wonach wir uns vorstellen könnten, wie es wäre, die andere Person zu sein. Sie wird in Kap. III.4 genauer erläutert.

III.3 Interaktionstheorien

Wir haben bisher drei verschiedene Erklärungsmodelle angesehen: die Spiegelneuronentheorie, die Theorie Theorie und die Simulationstheorie. Diese richteten ihren Fokus auf mentale Zustände wie Überzeugungen, Entscheidungen und daraus resultierende Gründe für Handlungen. Andere Ansätze rücken die Erfahrung des Anderen in den Mittelpunkt. Phänomenologische Theorien setzen sich von den Theorien des Geistes und (teilweise) von den Spiegelneuronentheorien ab und betonen Folgendes: erstens unsere Fähigkeit der direkten Wahrnehmung von Ausdrucksverhalten, zweitens die zwischenmenschliche Interaktion, drittens unser narratives Verständnis. Die Varianten phänomenologischer Theorien lehnen die cartesianische Idee der Verschlossenheit des Geistes anderer Personen ab und gehen davon aus, dass wir im Ausdruck, in der kontextualen und verkörperten Situiertheit und im Interagieren mit Anderen ihrer Zustände unmittelbar gewahr werden.

Theorien der direkten Wahrnehmung

Die Hauptvertreter der Theorien der direkten Wahrnehmung, »direct perception proposal« (DWT), und der Interaktion (IT) sind Dan Zahavi und Shaun Gallagher (Gallagher 2012; Szanto/Krueger 2019; Zahavi 2011; 2014; Zahavi/Overgaard 2012). Die DWT geht davon aus, dass wir die mentalen Zustände Anderer *direkt*, das heißt ohne Umweg der Inferenz (TT) oder der imaginativen Rekonstruktion (ST) wahrnehmen. Empathie sei klar zu unterscheiden von Projektion und inferentieller Zuschreibung, aber auch von geteilten Gefühlen (Zahavi/Overgaard 2012). Dagegen betont die heutige Phänomenologie, dass wir dem Anderen zwischenleiblich *begegnen* und mit ihm in einer zweit-personalen Interaktion von »Ich« und »Du« stehen. Die Empathie ist damit nicht nur etwas, das sich intern im Beobachter abspielt, sondern das über das gemeinsame Interagieren zwischen den Subjekten entsteht und sich dynamisch weiterentwickelt; man nennt diesen Ansatz auch »interaktivistisch«, weil im Zentrum die *Interaktion* und Kommunikation *zwischen* den Subjekten stehen, wie es bereits in der Darstellung der Theorien leiblicher Resonanz in Kapitel II.1 angesprochen wurde. Außerdem ist der Ansatz »enaktivistisch«, da die Empathie und das Verstehen des Anderen zwischen den Subjekten in einem sozialen Interaktionsspiel *hervorgebracht* werden (Gallagher 2012; Fingerhut et al. 2013; Thompson 2007). Zahavi betont vor allem die Wahrnehmung des Ausdrucks im Kontext: Er argumentiert im Anschluss an Husserl und Scheler, dass wir etwa die Feindlichkeit oder Liebe im Gesicht einer anderen Person wahrnehmen, lange bevor wir die Farbe ihrer Augen erfassen. Er wendet sich damit gegen jene Form der Simulationstheorie, welche davon ausgeht, dass wir von uns selbst via Projektion auf die Gefühle Anderer schließen. Wir erinnern uns: Schon Lipps nahm an, dass wir das Ausdrucksverhalten Anderer automatisch imitieren, dass wir dabei selbst das Gefühl empfinden und es dann auf den Anderen projizieren (Lipps 1907: 717–719). Hinter dieser These steht die Überzeugung Lipps', dass wir nur Zugang zu unseren eigenen Emotionen hätten. Die empathische Dynamik dreht die Phänomenologie allerdings um: Nicht erst unser eigenes Fühlen gebe Auskunft über das Fühlen des Anderen, sondern das Wahrnehmen des Gefühlsausdrucks des Anderen steht zu Beginn des empathischen Verstehens. Scheler etwa bringt das Beispiel des schwanzwedelnden Hundes, dessen Verhalten wir nicht imitieren müssten, um zu begreifen, dass es ein Ausdruck von Freude sei. Zahavi knüpft aber nicht nur an die frühe Phänomenologie an, sondern auch an Wittgenstein, der einen ähnlichen Gedanken formuliert hat:

> »Schaust du in dich, um den Grimm in seinem Gesicht zu erkennen? Er ist dort so deutlich wie in deiner eigenen Brust. Und was will man nun sagen? Daß das Gesicht des Andern mich zur Nachahmung anregt, und daß ich also kleine Bewegungen und Muskelspannungen im eigenen empfinde, und die Summe dieser meine? Unsinn.« (Wittgenstein 1982: 170)

Das Ausdrucksverstehen basiert auf der Annahme, dass die basalen Emotionen, nämlich Wut, Angst, Überraschung, Ekel, Fröhlichkeit und Traurigkeit, individuen- und kulturübergreifend gleich ausgedrückt werden (Vendrell Ferran 2008). Obwohl also unser Gefühlsleben selbst und die Weise, auf die wir auf etwas in einer bestimmten Art reagieren, individuell sind, ist der Ausdruck in Körper und Gesicht universell. Jedoch gibt es auch hier freilich leichte bis starke Unterschiede, denn selbst wenn wir uns *prima facie* ähnlich ausdrücken, so haben wir doch auch gelernt, diesen Ausdruck zu beeinflussen. Das sprichwörtliche »Pokerface« ist dafür ein Beispiel. Darüber hinaus gibt es andere basale Emotionen, welche nur in bestimmten Kulturen existieren bzw. bekannt sind, wie etwa das japanische »amae«: ein komplexes positives Empfinden von sozialer, kollektiver Abhängigkeit. Solche Gefühle werden westliche Beobachter im Ausdruck nicht leicht erkennen und nachvollziehen können, solange sie den Ausdruck nicht im Miteinander kennengelernt haben. Das spricht dafür, dass es oft mehr braucht als das direkte Ausdrucksverstehen, wie unten in einem kritischen Abschnitt näher diskutiert wird.

Eine weitere Bedingung für das direkte intersubjektive Ausdrucksverstehen ist außerdem die tatsächliche, zwischenleibliche Face-to-Face-Begegnung. Einige Vertreter der DWT erlauben dabei allerdings auch eine automatische und präreflexive Wahrnehmung mit anschließender Gefühlsübereinstimmung zwischen den Subjekten. So können wir bei Evan Thompson eine basale Form von Einfühlung im Sinne einer affektiven Verbindung, ja fast Verschmelzung ausmachen, die er im Anschluss an Stein als eine erste Vollzugsstufe von Empathie ansieht (Thompson 2007: 393). Diese erste Stufe ist eher passiv und automatisch. In dieser Hinsicht könnte man Thompson den Vertretern einer Theorie neuronal-leiblicher Resonanz zuordnen. Zahavi lehnt diese Interpretation indes seinerseits mit Verweis auf die phänomenologische Tradition, etwa von Edith Stein und Max Scheler, ab und differenziert grundlegend zwischen affektivem Isomorphismus via Spiegelneuronen und empathischem Erfahren via direkter Wahrnehmung (Zahavi/Overgaard 2012). Was empathisch erfasst und nachvollzogen wird, ist nach Zahavi weniger das volle Gefühl als vielmehr die Situation mit ihrem intentionalen Gefühls*objekt* (Zahavi/Michael 2018). Im Anschluss an die Unterscheidung der Originarität und Nicht-Originarität, wie wir sie in Kapitel II.5 mit Edith Stein erläutert haben, unterstreicht Zahavi, dass es sich bei der empathischen Erfahrung nicht um das Gleiche handelt wie eine Selbst-Erfahrung oder eine erstpersonale Zuschreibung von Gefühlen. Es ist immer die Erfahrung der Erfahrung einer anderen Person, die für das intersubjektive Verstehen notwendig ist. Der Fokus der eigenen Aufmerksamkeit ist dabei auf den Anderen gerichtet, die Distanz zwischen dem Selbst und dem Anderen wird bewahrt (Zahavi/Overgaard 2012: 6). Jemand, der die Freude eines Paares an einem Kinofilm beobachtet, kann dessen Freude verstehen, ohne sie zu teilen. Eine geteilte Freude – wie wir sie bei Scheler als eine der vier Formen von Sympathie kennengelernt haben – ist etwas anderes als das empathische Verstehen. Auf das empathische Verstehen kann eine ganz andere Reaktion als die wahrgenommene Emotion folgen. Wir können zwar auch etwas Ähnliches mitfühlen, aber das sei keine »Requisite« der Empathie (Zahavi/Overgaard 2012: 4). Der Unterschied zur Simulationstheorie liegt zum Beispiel darin, dass letztere das Empfinden der Emotion als eine Voraussetzung ansieht, dem Anderen diese Emotion zuzuschreiben.

Ebenso ist auch laut der Phänomenologie das Mitleid von Empathie zu unterscheiden, weil dieses eine Sorge um den Anderen und sein Wohl impliziert, während Empathie vielmehr die verstehende Voraussetzung für eine Einschätzung des Leidens des Anderen ist. Empathisch vollziehen wir nach, *wie* etwas für jemanden ist. Es ist damit auch nicht nur Wahrnehmung, sondern eine besondere Form der erfahrenden Wahrnehmung: Wenn ich jemandes Trauer wahrnehme, ist das anders, als wenn ich sehe, dass er ein rotes Shirt trägt. Ich nehme die Trauer »in« seiner Haltung, seinem Ausdruck, seinen Gesten, seiner Stimme wahr. Empathie ist daher auch mehr als die propositionale Feststellung, *dass* jemand traurig ist. Sie richtet sich als ein eigener Erfahrungsmodus auf die phänomenalen Eigenschaften der Erlebnisse Anderer: *wie* es ist, etwas so und so zu erleben. Emotionen sind intentional auf ein Objekt bezogen, und es ist diese intentionale Struktur der Emotionen des Anderen, die im direkt-empathischen Nachvollzug vergegenwärtigt wird (Zahavi/Michael 2018). In dieser Weise könnten wir auch annehmen, dass ein Sadist die Fähigkeit der Empathie beherrschen muss. Dass dem empathischen Verstehensprozess indes Grenzen gesetzt sind, betont auch Zahavi, indem er einräumt, dass die größeren sozialen, kulturellen und historischen Kontexte einer Gefühlsituation erst durch andere Formen der Vergegenwärtigung verstanden werden können (Zahavi/Overgaard 2012). Nach Zahavi ist Empathie ein Vermögen, das im Laufe des Lebens kultivierbar ist: eine Art graduell unterschiedliche Sensitivität für das, was sich uns im Ausdruck des Anderen zeigt.

Wie die DWT von Zahavi geht auch Gallaghers Interaktionstheorie (IT) von unserer direkten Wahrnehmungsfähigkeit der mentalen Prozesse über deren Ausdruck aus, betont aber noch stärker die Bedeutung des zwischenmenschlichen Interagierens als notwendige Bedingung des Fremdverstehens und greift damit die bereits beschriebenen Grenzen des direkten Ausdrucksverstehens auf: Wir begegnen uns nicht punktuell als kontextlose Einzelwesen, sondern in kommunikativen und sozialen Kontexten. Gallagher unterscheidet dabei genauer zwischen primärer und sekundärer Intersubjektivität und knüpft zum einen an die neurowissenschaftliche Resonanztheorie, zum anderen an die enaktivistischen Theorien aus der Verkörperungsphilosophie an und ist damit auch dem bereits erwähnten Ansatz von Evan Thompson nahe. Besonders als Babys, so Gallagher im Anschluss an entwicklungspsychologische Ansätze, würden wir uns unsere Umgebung primär intersubjektiv über Gesten, Mimiken und deren spiegelneuronale Resonanz erschließen, aber nicht in

Form passiver Reizaufnahme und Informationsverarbeitung, sondern in dynamischer, kommunikativer, interaktiver Weise (Gallagher 2017). Auch er geht davon aus, dass wir in der Expressivität Anderer bereits den jeweiligen Bedeutungsausdruck erfassen. Zum präreflexiven Verstehen komme dann ab dem Alter von etwa einem Jahr eine sekundäre Intersubjektivität hinzu, in der wir uns wechselseitig in komplexeren Strukturen wahrnehmen. Er erweitert die Theorie noch um einen narrativen Ansatz, worauf wir nach einer kurzen kritischen Zwischenbilanz näher eingehen werden.

Kritik

Zwei Einwände gegen die Theorien der direkten Wahrnehmung und der Intersubjektivität können wir nach dem bisher Gesagten vorbringen: Erstens sind viele der Kontexte, in denen unsere Fähigkeit der Empathie gefordert ist, nicht direkt oder intersubjektiv gegeben; wir versetzen uns aber auch hinein, wenn uns etwas über nicht-anwesende Dritte erzählt wird, sei es in mündlicher, schriftlicher oder künstlerischer Weise. Eine vor dem Hintergrund der DWT als *indirekt* zu bezeichnende Empathie ist ein Schlüsselprinzip bei unserer Auseinandersetzung mit fiktionalen Charakteren, die gar nicht existieren. Bei Erzählungen über reale oder fiktive Andere liegt keine direkte Face-to-Face-Begegnung vor (vgl. Kap. IV.2). Für die Vergegenwärtigung der mentalen Zustände der erzählten Anderen ist daher noch etwas anderes als direkte Wahrnehmung und Interaktion gefordert, nämlich Imagination: Unser grundlegendes, aber durchaus auch graduell verschiedenes, *kreatives* Vermögen, anhand dessen wir uns etwas mental repräsentieren können, das nicht aktual ist, nicht präsent ist oder nicht (für uns) existent ist (Liao/Gendler 2019). Wir gebrauchen zum Beispiel unsere Imagination, um Möglichkeiten zu entwerfen, um Vergangenheits- oder Zukunftserfahrungen zu vergegenwärtigen, um mit Fiktionen umzugehen und um uns fremde Perspektiven zu vergegenwärtigen, die uns nicht direkt gegeben sind. Zweitens kann der Ausdruck Anderer auch rätselhaft-opak, der Kontext so informationsarm oder wegen kultureller und persönlicher Unterschiede so fremd sein, dass das direkte Verstehen der Situation nur sehr rudimentär ist oder zu falschen Interpretationen führt, weshalb wir oftmals auch über das, was uns unmittelbar gegeben ist, hinausgehen müssen, um auch die Gründe des Fühlens der Anderen zu verstehen (Zahavi/Overgaard 2012: 9f.). Das Ausdrucksverstehen kommt also auch an Grenzen. Ein narrativistischer und die Imagination berücksichtigender Ansatz scheint daher eine plausible Erweiterung der DWT.

Narrative Theorie

In Reaktion auf die *Theory of Mind* mit ihren Varianten der TT und der ST hat Daniel Hutto eine *narrative Theorie* des Fremdverstehens entwickelt, die er »narrative practice hypothesis« nennt (NPH, Hutto 2007). Er argumentiert, dass wir uns, um mentale Zustände wie Gefühle, Wünsche oder Überzeugungen sowie Handlungsgründe überhaupt als solche erkennen und verstehen zu können, als Kinder bestimmte narrative Fähigkeiten angeeignet haben müssen. So erlernen wir, uns selbst und andere Personen stets eingebettet in Geschichten zu verstehen. Hinter dem Argument steht, erstens, die interaktionistische These, dass wir nicht Einzelwesen, sondern soziale Wesen sind, die in komplexen Zusammenhängen *interagieren*; und, zweitens, die Narrative-Identität-These, dass wir uns auch uns selbst und Anderen stets in Geschichten bzw. Narrativen *erzählen*, retrospektiv wie prospektiv. Hinter diesem Argument steht die zuvor genannte Problematik, dass wir uns nicht immer zwei-personal begegnen (interagieren) und uns den Kontext manchmal auf komplexere Weise vergegenwärtigen müssen (Jacob 2012). Um nachvollziehen zu können, *warum*, d.h. aus welchen Gründen jemand eine bestimmte Handlung vollzieht, so Hutto, müssen wir uns in unserem Fremdverstehen auch auf die jeweilige individuelle Geschichte des Anderen beziehen (Hutto 2007: 44). Die experimentellen Studien, auf denen die Thesen der TT basieren, wie etwa der in Kapitel III.2 vorgestellte False-Belief-Test, seien zu verkürzt, um die Komplexität unseres »Navigierens« durch die Welt aufzufangen (Hutto 2007: 52). Dieses folge einer viel dichteren Struktur, welche wir in der Kindheit nach und nach lernten. Geschichten seien dafür gewissermaßen das »training set« (Hutto 2007: 53). Über Geschichten erführen Kinder, wie bestimmte propositionale Einstellungen – etwa Überzeugungen oder Wünsche – sich überhaupt zueinander und zu anderen mentalen Zuständen wie Emotionen verhielten und wie sie durch den situationalen Kontext, den individuellen Hintergrund, den Charakter etc. der involvierten Personen beeinflusst werden. Ein Narrativ hat eine Protagonistin und deren individuelle Perspektive als Zentrum. Peter Goldie, dessen Position man hybrid zwischen die der Simulationisten und jene der Narrativisten einordnen könnte, definiert ein Narrativ wie folgt:

»Ein Narrativ ist eine strukturierte und eingefärbte Repräsentation von Erlebnissen, die diese Erlebnisse und die in ihnen involvierten Personen aus einer bestimmten Perspektive zeigt. Dabei wird dem, was erzählt wird, eine Struktur aus Kohärenz, Sinnhaftigkeit und mit evaluativer und emotionaler Tragkraft verliehen.« (Goldie 2012: 8)

Die Betonung Huttos mit Blick auf das Fremdverstehen liegt auf den narrativen *Praktiken*: Kinder erwerben sich die Fähigkeiten,

Gründe Anderer zu verstehen, nicht, indem ihnen die dazugehörigen Prinzipien eingetrichtert werden, sondern indem sie sie in der Praxis (inter-)aktiv durch Bücherlesen (angefangen bei einfachen Bilderbüchern), Geschichtenerzählen sowie die dazugehörigen Konversationen mit ihren Bezugspersonen erfahren. Hutto zufolge werden sie über das wiederholte Hören von Geschichten und das Rollen-Spielen mit einem Set von menschlichen Situationen und den damit verbundenen Gefühlen und Handlungen vertraut. Indem wir in solche Praktiken eingebunden sind, eignen wir uns ein Verständnis der Kernstruktur einer allgemeinen (Volks-)Psychologie an, mit ihren Normen und ihrer praktischen Anwendung (Hutto 2007: 56).

Gallaghers Konzept der N-Imagination

Auf der Basis der NPH und als Antwort vor allem auf die Simulationstheorie hat Shaun Gallagher ebenfalls einen Ansatz narrativer Empathie und narrativer Imagination entwickelt. Im Unterschied zur E-Imagination oder S-Imagination – wie er das Zentralkonzept der Simulationisten nennt, welche das mentale *Enactment* (E) bzw. die *Simulation* (S) betonen – spricht er von »N-Imagination«. Im Anschluss an Dilthey versteht er die höherstufige Empathie als ein Hineinversetzen in die kontextuale und narrative *Situation* anderer Personen, nicht bloß in ihre mentalen Zustände. Unsere narrative Fähigkeit sieht er dabei als *notwendige* Komponente der höherstufigen Empathie und der sekundären Intersubjektivität (Gallagher 2012). Narrative Empathie meint demnach eine anspruchsvollere Empathie, die sensitiv und pragmatisch ist gegenüber kontextuellen Faktoren, welche den wahrgenommenen Zustand des Anderen betreffen. Während die niedrigstufige Empathie als eine basale Form der Wahrnehmung zu begreifen ist, braucht es bei der höherstufigen dann aber doch auch den aktiveren Einsatz des Subjekts und dessen Imagination. Unter N-Imagination fasst Gallagher nämlich auch die Vergegenwärtigung des situationalen und individuellen Narrativs nicht präsenter, nicht-existenter oder fiktionaler Figuren, und zwar unter Rückgriff auf die narrativen Ressourcen, die uns von klein auf zur Verfügung stehen: die eigene(n) Geschichte(n), die Narrative Anderer sowie kulturelle Narrative aus Literatur, Film, Theater usw. Im Unterschied zur Simulationstheorie, wie sie standardmäßig formuliert wird, vertieft sich die empathisierende Person in ein narratives Gefüge, in das endogene und exogene Informationen mit einfließen: Nach Thiemo Breyer, ebenfalls ein Vertreter interaktiver und narrativer Empathie, sind endogen jene kognitiven und imaginativen Verfahren, die die empathisierende Person selbst mitbringt und anwendet, »um den wahrgenommenen Ausdruck des Anderen zu interpretieren« (Breyer 2015: 260). Exogen sind demgegenüber Prozesse, die von der wahrgenommenen Situation angestoßen werden: »durch Artikulation in mimetischer, gestischer oder verbaler Form« (ebd.), die dann durch die Narrativierung einen übergeordneten Sinnzusammenhang erhalten.

Kritik

Gegen eine reine Theorie der direkten Wahrnehmung wurde bereits oben der Einwand formuliert, dass der Ausdruck Anderer häufig nicht eindeutig auf deren mentalen Zustand schließen lässt und dass uns manchmal der Kontext gar nicht klar ist oder dass in einem Kontext oft zu wenig an exogenen Informationen gegeben sind. Zwar sind ausdrucksstarke Emotionen wie eine spontane Angst sicherlich tatsächlich relativ eindeutig zu lesen, opakere Emotionen wie etwa Neugierde oder Neid lassen sich aber nicht so ohne Weiteres erkennen. Auch sind Missverständnisse im Erfassen des Ausdrucks zu erwarten, solange keine weiteren Kenntnisse des Kontextes hinzugezogen werden (Jacob 2011). Tränen können Ausdruck von Trauer, aber auch von Freude oder Überwältigung sein. Wir brauchen also einige Informationen über die Person und ihren Kontext, die sich nicht direkt erschließen lassen, sondern nur via Interaktion und Narration. Und schließlich ist die DWT nicht oder nur bedingt auf fiktionale Charaktere anwendbar: Bei literarischen Figuren ist unsere Vorstellungskraft gefordert; filmische Charaktere erfassen wir zwar auch in ihrem Ausdruck, aber es findet keine direkte oder reziproke Face-to-Face-Interaktion statt (Schmetkamp/Vendrell Ferran 2019). Die Theorien narrativer Praktiken sind demgegenüber sehr überzeugend, indem sie beides einzufangen verstehen: erstens, unseren direkten Zugang zu den Zuständen Anderer über deren Expressivität und damit ohne besonders komplexes mentales Analogisieren, Schlussfolgern, Projizieren und Simulieren; zweitens, unsere Fähigkeit, Andere in ihrem Kontext und ihrer jeweiligen individuellen Geschichte und mithilfe unserer Imagination zu vergegenwärtigen.

Drei Kritikpunkte sind indes auch gegen den narrativen Ansatz vorzubringen: Bei Hutto wirkt die narrative Theorie stellenweise wie eine etwas ausgefeilte Version einer TT (Jacob 2011: 534). Statt einer Theorie werden aber angeeignete und eingeübte Narrative als Muster zur Deutung des Verhaltens Anderer angewendet. Diese können allerdings ebenso zu einer Konstruktion des Gegenübers führen und an seiner konkreten Geschichte vorbeigehen, wenn wir zu wenig über ihn wissen. Ein ähnlicher Punkt lässt sich gegen Gallagher vorbringen, der sich von der Simulation absetzen will, aber zugleich die Rolle der Imagination stark macht. Der Unterschied zwischen der S-Imagination und der N-Imagination ist unscharf. Besonders wenn wir eine zweite Variante des Perspektiveneinnehmens berücksichtigen (Kap. III.4), erscheinen die Differenzen nicht mehr so groß. Die zweite Variante besagt nämlich, dass der erfolgreichere, wenngleich auch schwierigere Weg zum Verstehen Anderer auch jener sein kann, bei dem wir uns vorstellen, wie es konkret für die andere Person ist, etwas aus *ihrer* Perspektive so und so wahrzunehmen, kurz: Wir stellen uns vor, wie es ist, die andere Person mit ihren Charaktereigenschaften, ihren Erfahrungen, ihrem Wissen, ihrer Geschichte zu sein. Dieser Prozess unterscheidet sich von der egozentrischen Perspektiveneinnahme, bei der wir uns vorstellen, wie wir an der Stelle des Anderen die betreffende Situation erfahren würden.

III.4 Variationen der Perspektiveneinnahme

Angenommen, eine Freundin soll sich zwischen zwei Optionen entscheiden: Sie kann entweder a) eine inhaltlich attraktive und gut bezahlte neue Stelle annehmen, die aber 500 Kilometer von dem Ort entfernt liegt, wo sie mit ihrem Partner und ihren Kindern lebt; oder aber sie kann b) an ihrem Wohnort eine weniger lukrative und langweiligere Stelle annehmen, die dafür in unmittelbarer Nähe liegt. Sie bespricht die Situation mit uns und bittet uns um Rat. Begreifen wir Empathie als das Nachvollziehen der Situation einer anderen Person und der darin enthaltenen Gefühle, Überzeugungen, Wünsche und/oder Handlungsgründe, so lässt sich die beschriebene Situation als ein komplexer Fall skizzieren, in dem unser empathisches Vermögen gefragt ist. Jedoch lassen sich hier, wie bereits vorher mehrfach angedeutet, zwei unterschiedliche Weisen der empathischen Perspektiveneinnahme und des Verstehens differenzieren. Wir kennen diesen Unterschied auch in der Alltagssprache – manchmal verwenden wir die Formulierung: »Ich an deiner Stelle würde mich für Option a) entscheiden«, ein anderes Mal hingegen: »Wenn ich du wäre, würde ich mich für b) entscheiden.« Obwohl uns der Unterschied im Alltag sicher so nicht immer bewusst ist – und er in einfachen Fällen auch keine Rolle spielt (Goldie 2000) –, stehen die beiden Antworten für zwei verschiedene Arten, sich die Perspektive des Anderen zu vergegenwärtigen, und sind mit unterschiedlichen epistemischen und emotionalen Ergebnissen verbunden. Vielleicht würden wir uns mit unseren eigenen Charaktereigenschaften und Erfahrungen – also an der Stelle der Freundin – für Option a) entscheiden, aus der subjektiven Perspektive unserer Freundin jedoch wäre Option b) angemessener. Grob besteht der Unterschied der beiden Formen von Empathie darin, dass ich entweder ich-zentriert bzw. selbst-orientiert *mich selbst an der Stelle des Anderen* vorstelle oder du-zentriert *mich als den Anderen* imaginiere (Coplan 2011: 9). Beides sind Formen höherstufiger und aktiver Empathie, wenn wir hier noch einmal die Unterscheidung zwischen einer Low- und einer High-level-Empathie aufgreifen wollen (Goldman 2006). In der Debatte herrscht Uneinigkeit, erstens darüber, was von beidem der eigentlich empathische Vorgang wäre – so spricht etwa Peter Goldie nur im zweiten Fall von eigentlicher Empathie (Goldie 2000); und zweitens darüber, unter welchen Bedingungen der zweite Fall möglich ist und wo seine epistemischen Grenzen liegen. So gibt wiederum Goldie zu bedenken, dass wir nie alle Eigenschaften, psychischen Erfahrungen und Vorgänge einer anderen Person imaginieren können; drittens herrscht kein Konsens darüber, inwiefern in beiden Fällen von einer affektiven Übereinstimmung zwischen Empathisiererin und empathisierter Person auszugehen ist: ob bloß strukturähnliche Gefühle evoziert werden oder deckungsgleiche oder überhaupt keine Gefühle (Vendrell Ferran 2018: 255 ff.).

Zur genaueren Erläuterung dieser Variationen der imaginativen Perspektiveneinnahme ist es hilfreich, auf das im vorigen Abschnitt eingeführte Prinzip des *Narrativs* zurückzugreifen. Empathie bezieht sich nach den phänomenologischen und interaktionistischen Ansätzen nicht nur auf einen aktualen Kontext. Sie ist nicht wie eine Momentaufnahme zu verstehen, sondern integriert auch das Narrativ dieser Situation bzw. ihrer Protagonistin. Der empathische Nachvollzug wäre dann also oft eher mit einer literarischen (Nach-)Erzählung oder einem vor unseren Augen ablaufenden Film zu vergleichen. Wie ebenfalls bereits dargestellt, ist ein Narrativ um eine bestimmte individuelle Perspektive oder mehrere Perspektiven herum konstruiert (Goldie 2012: 8). Der empathische Nachvollzug des Narrativs ist somit zugleich immer auch ein Nachvollzug der damit verbundenen Perspektive(n).

Der Begriff der Perspektive steht, wie in Teil I angedeutet, für die unhintergehbare, perzeptive und epistemische Standortgebundenheit des Menschen. Wir sind immer aus der Innenperspektive auf die Welt gerichtet, mit unserem Körper und Geist in sie als Individuen eingebettet. Damit ist jedoch nicht impliziert, dass wir in dieser Perspektive gleichsam gefangen wären. Wir sind als perspektivierte Wesen durchaus in der Lage, andere Perspektiven einzunehmen und unsere perspektivischen Weltsichten flexibel zu erweitern, unseren »Horizont« auszudehnen. Vor diesem Hintergrund einer Dialektik zwischen der individuellen Perspektivengebundenheit und der möglichen Perspektivenerweiterung erklärt sich denn auch das Spektrum der Perspektiveneinnahme zwischen ich- und du-zentrierter Transposition: Denn bei der ich-zentrierten bleiben wir stark an unsere eigene, egozentrische Perspektive gebunden. Der Perspektivenwechsel ist hier situational gedacht: »man versetzt sich dorthin, wo sich der andere befindet, um zu verstehen, wie es für einen selbst wäre, dort zu sein« (Breyer 2015b: 169). Oder, wie es Ingrid Vendrell Ferran ausführt, die die selbst-orientierte Perspektiveneinnahme als ein »Durch-die-Brille-der-Figur-Sehen« beschreibt:

> »Wenn ich mit der Brille der Figur sehe, erlebe ich die Situation der Figur ausgehend von meinem aktuellen Selbst. Ich habe einen direkten Zugang zu dem ›Repertoire‹ von Erinnerungen und Gewohnheiten, Denk- und Empfindungsweisen, die meine Biographie ausmachen und für mich charakteristisch sind, und stelle mir dann vor, wie ich an der Stelle der Figur reagieren würde.« (Vendrell Ferran 2018: 256)

Bei der du-zentrierten Perspektiveneinnahme geht es darum, sich so gut wie möglich die *andere* Perspektive zu eigen zu machen. Dies setzt eine größere Flexibilität und Sensitivität voraus, aber auch mehr Informationen und Wissen.

Wie Peter Goldie ausführt, impliziert die erste Variante der imaginativen Perspektiveneinnahme, dass wir uns vorstellen, die Erfahrungen der anderen Person selbst zu erleben, was idiomatisch mit dem englischen Ausdruck »putting oneself in one's shoes« bezeichnet wird, weshalb Goldie von »in-his-shoes-imagining« spricht. Demgegenüber impliziert der Vorgang, bei dem ich mir vorstelle, die andere Person zu sein (und nicht bloß an ihrer *Stelle* zu sein), dass ich mich aus der Perspektive der konkreten anderen Person *zentralimaginiere* und mir vorstelle, wie es für die Person ist, so und so zu fühlen (Vendrell Ferran 2018: 257). Der Ausdruck der zentralen Imagination oder »imagining from the inside« stammt von Richard Wollheim. Zentral zu imaginieren impliziert, dass ich mir aus der subjektiven Teilnehmerperspektive *bildhaft* vorstelle, wie ein Ereignis, aus diesem bestimmten Blickwinkel betrachtet, stattfindet (Wollheim 1984: 71 ff.). Bei den beiden Variationen der ich- und der du-zentrierten Perspektiveneinnahme sind wir jeweils bildhaft-imaginativ engagiert, allerdings mit unterschiedlicher Besetzung der Protagonistinnen.

Wenn ich mich *an die Stelle* des Anderen imaginiere, betrachte ich die Situation unter Einbeziehung meiner eigenen Personalität. Diese impliziert bestimmte Charaktereigenschaften, Fähigkeiten, Erfahrungen. Da ich zugleich den individuellen Kontext der anderen Person berücksichtige, kommt es im Empathieprozess zu einer *Mischung* meines persönlichen Narrativs und der anderen Person: Denn ich vergegenwärtige mir zwar die Situation der anderen Person, bewerte diese aber quasi vor dem Hintergrund meiner eigenen Erfahrungen, Gefühlsdispositionen, Präferenzen, Charaktereigenschaften etc. Dieser Vorgang ist also eine Mischung aus Selbst- und Fremdorientierung. Im zweiten Fall – wenn ich mich *als* die andere Person imaginiere – übernehme ich imaginativ die Perspektive der anderen Person, werde Protagonistin ihres Narrativs, dabei quasi mit der von mir eingefühlten Person *eins* und vollziehe nach, wie es *für sie* ist. So wird die erste Variante auch egozentrische Perspektiveneinnahme genannt, da die Ich-Bezogenheit beibehalten wird, die zweite dagegen allozentrisch, da wir uns von uns selbst distanzieren müssen (Breyer 2015b: 169).

Die zweite Variante führt idealerweise zu einem tieferen Verständnis der konkreten Situation des konkreten Anderen, da wir uns hier seiner Perspektive widmen. Allerdings hat dieser Prozess auch seine Grenzen. Erstens können wir *de facto* nicht die andere Person werden und zweitens können wir nicht alle, vor allem nicht die unbewusst ablaufenden mentalen Prozesse, Vorerfahrungen, Beeinflussungen und nicht-psychologischen Tatsachen der anderen Person mit in den Nachvollzugsprozess mit einbeziehen. Peter Goldie ist daher skeptisch, ob diese Form der Empathie überhaupt möglich ist, und wenn doch, gelte dies nur in sehr simplen Fällen (Goldie 2011: 307). Daher greifen wir, so Goldie, auch für diesen Prozess auf ergänzende Möglichkeiten des Nachvollzugs zurück, indem wir etwa über das gegebene

Narrativ hinaus und auf der Grundlage unserer narrativistischen Erfahrungen weiter erzählen oder Interpretationen versuchen, indem wir unsere eigenen, bei diesem Prozess evozierten Emotionen reflektierten und simulationistisch auf die des Anderen schlössen.

Dass beide Varianten zum Einsatz kommen und zudem für ein besseres Fremd- und Selbstverständnis auch kommen *sollten*, zeigt sich in unserem Umgang mit komplexen fiktionalen Narrativen: Die erste Variante kommt sicherlich dann zum Zuge, wenn wir nur wenig über die Perspektive einer fiktionalen Figur wissen, weil wir zum Beispiel noch nicht mit ihr vertraut sind oder weil diese Perspektive uns gar nicht vermittelt wird. Die zweite Variante setzt voraus, dass wir sehr viel über die Charaktereigenschaften, den Kontext, den Hintergrund, die Wünsche und Überzeugungen der Figur wissen. Oft, aber nicht immer haben wir ein solches Hintergrundwissen im Falle der Hauptfiguren einer Geschichte, während die Nebenfiguren relativ gesichts-, d.h. perspektivenlos bleiben. Umgekehrt ist zu konstatieren, dass zwar die zweite Variante zu einem besseren Fremdverständnis führen sollte, insofern nur sie sich dem konkreten Gefühlsnarrativ und den Eigenschaften, Hintergründen etc. des Anderen widmet, während die erste Variante weitestgehend egozentrisch bleibt. Aber auch ein Versagen oder Verunmöglichen der Perspektiveneinnahme kann von ästhetischer, epistemischer und ethischer Bedeutung sein.

Greifen wir dazu noch einmal das literarische Beispiel *Der Fremde* auf. Der Titel der Erzählung von Albert Camus ist geradezu paradigmatisch dafür, dass uns das allozentrische Einnehmen von Perspektiven oft nicht nur schwer fällt, sondern manches Mal auch gar nicht besser ist. Der Fremde bleibt uns bis zuletzt fast vollständig fremd, da sich seine Innenperspektive uns nur spärlich erschließt; seine Gefühle, Überzeugungen, Wünsche,

Handlungsgründe bleiben bis auf wenige Passagen (z.B. Camus 1961: 77–82) weitestgehend opak. Inwieweit ist es hier überhaupt möglich, uns in die Innenperspektive der Figur zu versetzen? Mehr noch: Es scheint in diesem Fall gerade gar nicht wünschenswert, dass sich uns eine solche perspektivlose, emotionslose Sicht erschließt. Der Protagonist hat zwar eine Erzählperspektive und eine Wahrnehmungsperspektive, aber eine emotionale und handlungsbezogene Perspektive lernen wir kaum kennen. Mit dem Ausdruck, »Perspektiven zu haben«, verbinden wir auch, bestimmte Handlungsoptionen zu haben. Wer keine Perspektive hat, hat keine Option. Genau so präsentiert sich uns der Protagonist Mersault, der sich in seinem Mord gar nicht als Akteur betrachtet, der eine Option, d.h. Perspektive hat, sondern schlicht reagiert hat, gesteuert von bloß äußeren Umständen. Im Resultat mündet gerade diese Erfahrung der Nicht-Perspektiveneinnahme – vielleicht wollen oder können wir uns nicht einmal vorstellen, wie es wäre, an der Stelle dieses resignierten, emotionslosen, aber auch völlig naiven Mörders zu sein – in der ethischen Erkenntnis, dass uns solche Perspektiven allererst auch zum handelnden Subjekt machen. Gleichwohl, möchte ich behaupten, ist unsere Lektüre von dem *Versuch* bestimmt, uns empathisch in den Protagonisten einzufühlen. Aber dieser Versuch führt nicht zu einer Affirmation oder Identifikation mit der Hauptfigur. Und, so ließe sich nach den Ausführungen behaupten: Wir erfahren im Empathisieren mit fiktionalen Charakteren gerade immer wieder diese Varianz von Perspektiveneinnahme; wir wechseln zwischen egozentrischer und allozentrischer Transposition, und das macht gerade den (ästhetischen) Reiz aus.

Kommen wir nach den epistemischen Unterschieden zwischen diesen beiden Formen der Empathie nun zu einigen psychologischen und sozialen Differenzen. Nicht nur führen die Varianten zu je verschiedenen Ergebnissen, was das Wissen über und das Verstehen der anderen Person betrifft. Auch haben sie offenbar andere psychologische und sozialmoralische Konsequenzen. Ein Forscherteam um den Psychologen Daniel C. Batson hat in empirischen Studien, die den Zusammenhang zwischen Empathie und moralischem Altruismus untersuchen, nachgewiesen, dass die erste Variante der egozentrischen Perspektiveneinnahme eher zu persönlichem Stress der empathisierenden Person führen kann, während die zweite Variante eher ihr moralisches, prosoziales Verhalten positiv beeinflusst (Batson et al. 1991; 1997). Die Aufgabe für die Studienteilnehmer*innen lautete, ein Interview mit Katie Banks zu hören, einer Studentin, die sich nach dem Unfalltod ihrer Eltern und einer Schwester um ihre zwei verbliebenen jüngeren Geschwister kümmern muss. Eingeteilt in drei verschiedene Gruppen sollten die Hörer*innen je unterschiedliche Weisen des Perspektivierens vornehmen: neutral-beobachtend, »imagine-self« (ich-zentriert) und »imagine-other« (du-zentriert). Im Falle der Beobachterperspektive sollten sie sich so objektiv wie möglich vergegenwärtigen, was Katie Banks geschehen ist und wie es ihr Leben affiziert. Das »imagine-self«-Setting ordnete an, sich subjektiv vorzustellen, wie sie selbst sich fühlen würden, wenn sie das erlebt hätten, was Banks geschehen ist, und wie es ihr eigenes Leben betreffen würde. Im dritten Fall, »imagine-other«, sollten sie sich aus der Perspektive der interviewten Frau vorstellen, wie diese über das Ereignis fühlt und wie es ihr Leben bestimmt hat (Batson et al. 1997: 753).

Die Ergebnisse der Studie waren, dass die Teilnehmer*innen aus der objektiven Gruppe sich vornehmlich auf das kognitive Verstehen der Situation konzentrierten; die anderen beiden Gruppen fokussierten auf die jeweils involvierten Gefühle: welche sie bei sich selbst wahrnahmen oder im Hinblick auf Katie Banks nachvollzogen. Der Übergang zwischen einer stärkeren

Konzentration auf die eigenen gegenüber einer stärkeren Konzentration auf die anderen Gefühle war im Ergebnis fließend (Batson et al. 1997: 754). Allerdings waren die durch die Studienteilnehmer berichtete gefühlte Empathie und die damit verbundenen negativen Affekte (»personal distress«) in der »imagine-self« Gruppe jeweils höher: Direkter »distress« bezeichnet ein ich-zentriertes, starkes Unwohlsein, eine nervliche Belastung der empathisierenden Person. Dieses Empfinden ist oft verbunden mit dem Wunsch, es zu beseitigen. Es kann zudem auch indirekt für eine andere Person mitgefühlt werden. Beim »imagine-self« empfanden die Studienteilnehmer*innen beides: eine auf die andere Person gerichtete Empathie und eine selbstorientierte starke Belastung. Sie waren aber nicht motiviert zu moralischem, fürsorglichem Handeln. Demgegenüber empfand die »imagine-other«-Gruppe eher auf den Anderen gerichtete Empathie sowie einen »empathethic concern« und damit eine *du-zentrierte* Sorge um das Wohl der anderen Person. Bei der ersten Form wird die empathische Perspektiveneinnahme den Studien zufolge wohl auch häufig abgebrochen: Denn eine lebhafte Vorstellung des eigenen Selbst in einer belastenden Situation, vielleicht noch verbunden mit starken Erinnerungen an eigene Erfahrungen, kann zu einem starken Unlustgefühl, möglicherweise auch zu konkreten existenziellen Gefühlen wie Angst führen, die die einfühlende Person unterbinden will. Demgegenüber kann die Sorge eher als eine Weiterführung der Perspektiveneinnahme hin zu einem sympathetischen Mitgefühl und damit zu einem moralischen Gefühl verstanden werden.

IV. Stationen

Wir haben bis hierher vor allem von der Empathie gegenüber anderen Personen, stellenweise gegenüber fiktionalen Charakteren gesprochen. Im Zusammenhang mit Humes Sympathie-Konzept haben wir die Empathie und die Mitgefühl induzierenden Parameter der Ähnlichkeit, Nähe, Vertrautheit und der direkten Begegnung vorgestellt: Hume hatte konstatiert, dass Mitleid von der allgemeinen Ähnlichkeit zwischen Menschen abhänge, aber auch von besonderen Übereinstimmungen. Vor diesem Hintergrund betrachtet wären die Objekte unserer Empathie vor allem andere Menschen, und zwar insbesondere uns ähnliche Menschen, zum Beispiel »hinsichtlich des Charakters, des Vaterlandes oder der Sprache« (Hume 1978: 49). Das Ähnlichkeitskriterium bezieht sich empirisch aber auf die Genese der Empathie, weniger auf ihre Geltung. Wir empathisieren wohl schneller, leichter und häufiger mit denen, die uns vertraut sind. Das heißt aber nicht, dass wir es auch darum besser können oder dass es die einzig möglichen Objekte der Empathie wären.

Wir haben in den vorangegangenen Kapiteln, in denen die historischen und gegenwärtigen Positionen dargestellt wurden, außerdem herausgearbeitet, was es sein kann, das wir bei anderen Menschen empathisch nachvollziehen: In der Phänomenologie unterscheidet man zwischen kognitiven, affektiven und konativen Objekten der Fremderfahrung. Zu den kognitiven gehören Gedanken, Überzeugungen und Wahrnehmungen; zu den affektiven gehören Emotionen, Stimmungen und körperliche Empfindungen; zu den konativen gehören Wünsche oder Willensakte (Hagener/Vendrell Ferran 2017: 19 f.). Wir haben gesehen, dass wir z.B., folgen wir den phänomenologischen Theorien, die Erlebnisse und dabei die zum Ausdruck kommenden mentalen Zustände Anderer *direkt* wahrnehmen können. Dabei erfassen wir auch den dazugehörigen Kontext. Je nach Erlebnisinhalt, Komplexität und Gegebenheit der mentalen Prozesse müssen wir aber auch von unserem Vorstellungsvermögen Gebrauch machen, um uns die jeweilige Perspektive einer anderen Person zu vergegenwärtigen, zum Beispiel wenn diese selbst nicht anwesend ist (also keine direkte Begegnung stattfindet) oder wenn sie von einem Erlebnis aus der Vergangenheit und einem in der Zukunft erzählt. In diesem Kapitel nun werden wir uns nichtmenschlichen und unbelebten Objekten der Empathie zuwenden, nämlich: Tiere, fiktionale Charaktere und Formen Künstlicher Intelligenz. Empathie mit Tieren wird dabei aus zwei Blickwinkeln betrachtet: erstens im Hinblick auf die Möglichkeit, mentale Prozesse und Perspektiven von Tieren nachzuvollziehen (epistemische Frage), und zweitens hinsichtlich unseres Mitgefühls mit Tieren (ethische Frage).[8] Das im Anschluss an die Tier-Empathie folgende Kapitel ist dem Verhältnis Empathie und Ästhetik bzw. genauer Empathie und Fiktion gewidmet. Da dies ein viel beachteter Kontext ist, fällt das Kapitel vergleichsweise umfangreich aus. Im Mittelpunkt wird die Frage stehen, wie wir mit fiktionalen Charakteren in Literatur und Film empathisieren (können). Das Kapitel zur Künstlichen Intelligenz wird aufzeigen, welche Rolle Empathie im Verhältnis zwischen Menschen und humanoiden Robotern spielen könnte. Es wird zugleich einen guten Übergang bilden zu der Frage, wie Empathie und Moral eigentlich zueinander stehen. Dieser Kontext wird dann den Abschluss bilden.

IV.1 Tiere als Objekte der Empathie

Wie steht es um unsere Fähigkeit der Empathie gegenüber nicht-menschlichen Tieren?[9] Diese Frage führt zu mindestens drei weiteren Fragen: Erstens, was meint Empathie mit Tieren? Ist sie als unmittelbare Resonanz, als Theoretisieren, als Perspektiveneinnahme zu verstehen? Zweitens, können wir die Perspektiven von Tieren einnehmen? Drittens, welche Rolle spielen hier die Kriterien der Nähe und Ähnlichkeit? Welche Bedeutung nimmt unsere Beziehung zu den Tieren ein? Ein Problem in dieser Debatte ist, dass hier Empathie und Mitleid selten konzeptuell und phänomenologisch differenziert werden. Empathie mit Tieren wird in der Regel auch als ein moralisches Mitgefühl verstanden. Die Frage danach zum Beispiel, was es heißt, die konkrete Perspektive eines Tieres einzunehmen – und was hierbei unter Perspektive verstanden wird –, ist eine noch nicht hinreichend beantwortete Frage.

Ein für die Hinwendung zu nicht-menschlichen Tieren und zur Natur entwickeltes Empathie-Konzept, anhand dessen diese Fragen zumindest ansatzweise behandelt werden können, schlägt die Ethikerin und Feministin Lori Gruen (*1962) unter dem Titel »Entangled Empathy«, »Verflochtene Empathie«, vor (Gruen ²2015), das ich hier exemplarisch für eine tierphilosophische Empathie-Konzeption vorstellen möchte. Ausgangspunkt ihres pathozentrischen und fürsorgeethischen Ansatzes sind die Verletzbarkeit aller Lebewesen und die Überwindung traditioneller, rationalistischer und dualistischer Moraltheorien zugunsten einer erweiterten, inklusiven moralischen Wahrnehmung. Klassischerweise standen in der Tierethik die Leidensfähigkeit und das Mitleid mit den Tieren im Vordergrund. Jeremy Bentham, ein Vorreiter utilitaristischer Tierethik, hat den berühmten pathozentrischen Satz formuliert: »Die Frage ist nicht: Können sie denken? Oder: Können sie sprechen?, sondern: Können sie leiden?« (Bentham 1996) Dabei wird die Ähnlichkeit zwischen Mensch und Tier in den Vordergrund gerückt, zum Beispiel beiderlei Bedürfnis, keine Schmerzen zu empfinden und weiterleben zu können. Darauf aufbauend argumentiert die moderne Tierethik des Utilitarismus oder der Deontologie, dass der Kreis der moralisch zu berücksichtigenden Adressaten um die nichtmenschlichen Tiere zu erweitern sei. Eine utilitaristische Position wie die Peter Singers argumentiert dabei zum Beispiel anti-speziesistisch mit Verweisen auf die Ähnlichkeit in der Empfindungsfähigkeit und, wenigstens teilweise, der Zukunftsvorstellungen von Menschen und Tieren. Deontologische und respekttheoretische Ansätze etwa von Tom Regan oder Gary Francione arbeiten mit dem Konzept »Subjekt-eines-Lebens« oder mit dem grundlegenden Interesse der Tiere, leben zu wollen. Viele dieser eher dem Mainstream zugehörigen Theorien gehen Gruen und anderen Kritiker*innen zufolge aber zu abstrakt vor, zu wenig kontextsensitiv, zu individualistisch und immer noch zu logozentrisch. Statt Kriterien wie Vernunft, Universalisierung oder Recht sollten Emotion, Partikularität, Kontext und Verkörperung im Zentrum unserer Aufmerksamkeit gegenüber Tieren stehen und helfen, eine *moralische Wahrnehmung* zu entwickeln – ein Ansatz, den übrigens auch viele feministische Theorien vertreten, auf die Gruen rekurriert. Dabei seien es nicht zuletzt die *Beziehungen* zwischen Menschen und Tieren, die genauer berücksichtigt werden sollten. Dies ist der Punkt, an dem Empathie als ein Verstehen und Verständnis der Erfahrungen anderer Lebewesen zum Tragen kommt. Empathie wird hier als eine grundsätzliche Haltung der Offenheit gegenüber den Belangen der Anderen verstanden. Es geht weniger um ihre epistemische Funktion als vielmehr um ihre Wesensart: dass sie eine bestimmte Einstellung gegenüber Anderen darstellt, die notwendig für das

Zusammenleben ist; nicht aus strategisch-kooperativen Gründen, sondern aus Gründen der gelebten Solidarität und Fürsorge. Empathie ist nach Gruen das Mittel, die »Entfremdung« zwischen uns und der nicht-menschlichen Welt zu überwinden.[10] Dabei seien eine Übertragung des Gefühls des eingefühlten Lebewesens und eine reflektierende Auseinandersetzung mit seiner Perspektive miteinander verflochten. Beides sind Gruen zufolge Bedingungen der Empathie, wobei die emotionale Ansteckung hinreichend sei für eine basale Empathie – Gruen ist begrifflich leider nicht genau genug und differenziert die Ansteckung inklusive einer Ich-du-Indifferenz nicht von der Empathie mit Ich-du-Differenz. Eine höhere Stufe impliziere eine Reflexion und eine bewusste Perspektiveneinnahme. Der Begriff der Verflochtenheit repräsentiert darüber hinaus auch die Verflochtenheit von Menschen und Tieren.

Die zwei zentralen Fragen, die sich stellen, sind: Können und sollen Menschen sich in Tiere hineinversetzen? Und: Können sich umgekehrt Tiere empathisch in andere nicht-menschliche Tiere oder in Menschen hineinversetzen und können sie Mitleid empfinden? Nach Gruen etwa empfinden auch nicht-menschliche Tiere die affektive Resonanz, etwa der Hund den Stress des Menschen, mit dem er zusammenlebt (Gruen ²2015: 395). Sie könnten aber – ebenso wie Babys – nicht zwischen ihrer und der Perspektive des Anderen differenzieren und erlebten daher in erster Linie die spontane, ansteckungsverwandte Resonanz und ein vortheoretisches Erfassen der Situation eines anderen Lebewesens. Kognitive Empathie, bei der ein Lebewesen die Perspektive eines anderen Lebewesens einnimmt, versteht Gruen als eine höhere Stufe, ähnlich wie etwa Alvin Goldman. Diese Einstellung könnten allenfalls höher entwickelte nicht-menschliche Tiere einnehmen, etwa Delfine, Elefanten oder Bonobos.

Was aus tierethischer Perspektive hier wohl am interessantesten ist, ist die Frage, inwieweit es für eine Haltung, die Tiere in den Kreis der moralischen Adressaten mit einbezieht, Empathie braucht. Gruen hält die Standardansätze, die mit dem Utilitarismus oder der Deontologie argumentieren, für ungeeignet, um zu einer solchen Haltung zu finden. Wie oben erwähnt, kann man das Thema »Empathie mit Tieren« aus dem Blickwinkel der Möglichkeit, die Perspektiven von Tieren einzunehmen, betrachten. Die *Beziehung* zwischen Menschen und Tieren und die Entwicklung der moralischen Wahrnehmung werden in den Mittelpunkt gerückt. Durch unseren Umgang mit Tieren werden wir mit ihrer Sicht auf die Welt vertraut, auch wenn uns hinsichtlich der Möglichkeit, ihre Perspektive einzunehmen, ontologische und epistemologische Grenzen gesetzt sind und es, wie es prominent Thomas Nagel beschrieben hat, zum Beispiel unmöglich ist zu *wissen*, »wie es ist, eine Fledermaus zu sein« (Nagel 1996). Die Fledermaus charakterisiert Nagel als eine von Grund auf »fremde Lebensform«, die uns Menschen nur darin gleicht, dass sie innere Erlebnisse hat und dass es sich *irgendwie* anfühlen muss, eine Fledermaus zu sein (Nagel 1996: 233). Das subjektive Erleben aber ist verbunden mit der Erste-Person-Perspektive und daher nicht objektiv erfassbar. Folgt man Nagel, so wäre es weder möglich, das subjektive Erleben anderer Lebewesen aus *deren* Perspektive nachzuerleben, noch aus der Außenperspektive Aussagen darüber zu treffen, wie es sich für sie anfühlt, in einer bestimmten Situation zu sein, noch qua Analogie von uns auf sie zu schließen, wie es sich anfühlt, eine Fledermaus zu sein. Schließlich sind wir in vielen entscheidenden Hinsichten so verschieden – etwa was die mentale Ausstattung und die Arten der sensorischen Wahrnehmung betrifft –, dass eine Analogie völlig falsche Informationen liefern würde. Da der Grundstoff unserer Einbildungskraft unsere eigene Erfahrung ist, so

Nagel, sei es nutzlos, sich vorzustellen, man habe Flughäute an den Armen, habe nur ein mäßiges Sehvermögen, nehme hohe Frequenzen akustisch wahr und hänge den ganzen Tag mit dem Kopf nach unten auf einem Dachboden (Nagel 1996: 234). Nach Nagel ist es bei so fremden Lebensformen wie der Fledermaus nur möglich, sich vorzustellen, wie man *sich selbst* dabei fühlen würde. Der Ansatz erinnert wiederum an das Ähnlichkeitsprinzip Humes: Um die Perspektiven Anderer zu verstehen, bedarf es eines gewissen Maßes an Übereinstimmungen, so lautet das Argument, und je mehr Übereinstimmungen vorliegen, desto leichter gelinge ein Nachvollzug der Perspektive des Anderen (Hume 1978: 48 ff.).

Eine Theorie wie die Gruens wird dem Folgendes entgegenhalten können: Dass wir nicht wissen, wie sich Fledermäuse fühlen, hat vielleicht eher etwas damit zu tun, dass wir mit ihnen kaum so einen alltäglichen, fürsorglichen Umgang pflegen wie etwa mit Hunden, Katzen oder anderen »Haustieren«. Sobald wir aber zu ihnen eine *vertrauliche* Nähe entwickeln, können wir auch leichter ihre Erfahrungsperspektive vergegenwärtigen. Ich möchte dazu eine Schilderung der Primatologin Jane Goodall wiedergeben, die beschreibt, was sie dachte, als sie das Fressverhalten eines Hyänenrudels beobachtete (zitiert nach Wild 2008: 24 f.):

»Zuerst ekele ich mich selbst, aber nach einer Weile merkte ich, dass ich meine Überempfindlichkeit größtenteils verloren hatte. Vermutlich hatte ich mich auf die Hyänennatur abgestimmt. Wenn ich sie beobachte, stelle ich eine andere Wellenlänge ein. Mrs. Brown genießt so offensichtlich einen dampfenden Bissen Darm, gefüllt mit halbverdauten Gräsern, und ich beobachte die Mahlzeit durch ihre auf Hyänen eingestellte Brille. Dann kann einem wirklich das Wasser im Mund zusammenlaufen. Nur wenn ich mir auch bloß für einen Augenblick vorstelle, ich selbst könnte einen Bissen davon nehmen, dann wird mir übel.«

In dieser Passage kommen die in Kapitel III.4 diskutierten Varianten des Perspektiveneinnehmens zum Ausdruck: Wir können uns vorstellen, wie wir an der Stelle des Anderen reagieren würden (mit Übelkeit); wir können aber auch imaginieren, wie es sich für den konkreten Anderen in dieser Situation anfühlt (Genuss). Die Vertrautheit mit dieser Perspektive entwickelt sich durch die Beobachtung bzw. das Miterleben Goodalls mit den Tieren im täglichen Begegnen. Es geht entsprechend bei vielen kontextsensitiven und verkörperungstheoretischen Theorien zur Empathie mit Tieren um eine *Praxis* des vertrauensvollen Umgangs miteinander, weniger um die mentalen, biologischen oder moralischen Eigenschaften der Tiere. Diese Pointe hat auch schon die Tierethikerin Cora Diamond als kritische Antwort auf Peter Singers utilitaristischen Ansatz vorgebracht (Diamond 2012). Vor allem in der gelebten Praxis der Mensch-Tier-Beziehung erfahren wir, so argumentiert sie, was das Tier braucht, und lernen wir, Verantwortung ihm gegenüber zu tragen. Interessanterweise ist es dabei aber nicht (nur) die Ähnlichkeit, die zählt, sondern auch die Differenz: Empathie ist eine Erfahrung des Anderen und seiner *konkreten* Perspektive. Gerade phänomenologische und verkörperungstheoretische Ansätze betonen die Nicht-Gleichschaltung und die Alterität anstatt der Identität in der Empathie. Diese Linie lässt sich bis hier in die beziehungstheoretischen Tierethik-Ansätze nachzeichnen. Lori Gruen formuliert diesen Gedanken sehr gut wie folgt:

»Unterschiede abzustreiten kann moralisch ebenso problematisch sein, wie Dualismen aufrechtzuerhalten. Der empathische Umgang mit verschiedenen Anderen ist eine Form moralischer Zuwendung, die uns nicht nur die Forderungen in den Blick rückt, die die mehr als menschliche Welt an uns richtet, sondern uns auch dabei hilft, unsere moralische Zuwendung neu auszurichten. Wir können anerkennen, dass Tiere Wesen sind, mit denen wir eine Form des In-der-Welt-Seins teilen. Aber wenn wir meinen, wir erführen die Welt auf dieselbe Weise, dann laufen wir viel stärker Gefahr, in narzisstische Projektionen zu verfallen und das zu übersehen, was aus ihrer Perspektive wichtig und wertvoll für sie ist.« (Gruen ²2015: 404)

Gruen kommt es also darauf an, dass wir die Perspektiven und Situationen Anderer *aus ihrer individuellen Sicht* zu verstehen versuchen. Wie in den vorherigen Kapiteln bereits angeklungen, ist Empathie als sensible Wahrnehmung der Erfahrungen und Belange Anderer einigen Theorien zufolge erlernbar und verbesserbar. Zwar scheinen wir mit einigen basalen Skills der Resonanz und des »mindreading« auf die Welt zu kommen. Eine höherstufige Empathie in Form einer kontextsensiblen, narrativen Wahrnehmung und im Sinne einer Perspektiveneinnahme aber ist etwas, das wir im Laufe unseres Lebens einüben. Dafür sind die Beziehungen, die wir mit Anderen pflegen, sicherlich ein Weg, auf dem wir diese Fähigkeit trainieren – wobei ein solches Training hier nicht als rein funktionalistisch zu verstehen ist, als wären Beziehungen nur ein Übungsplatz. Vielmehr ist es das gelebte und verkörperte Beziehungsgeflecht, in dem Perspektiven quasi automatisch eingenommen werden und in dem wir im Umgang miteinander vertraut werden. Wir erfahren das In-der-Welt-Sein des jeweils Anderen, auch des Tieres. Damit lassen sich die beziehungsgestützten tierethischen Empathie-Ansätze wohl am besten den Theorien präreflexiver zwischenleiblicher Resonanz einerseits und den Interaktionstheorien andererseits zuordnen, die die Intersubjektivität, Dialogizität und kontextuale Narrativität der Empathie ins Zentrum rücken.

Wie wir im nächsten Kapitel genauer zeigen werden, sind es neben den tatsächlich gelebten Beziehungen aber auch Geschichten, fiktionale Narrative, welche uns die Sichtweisen Anderer nahebringen und unser Verständnis für Situationen verbessern können, unter anderem auch die der Tiere (wenngleich diese zugegebenermaßen in den meisten Fiktionen anthropomorphisiert werden). Tierethische Empathie-Theoretiker*innen wie Gruen oder Diamond zeigen, dass unser Umgang mit Tieren auch kulturell geprägt und Empathie mit ihnen eine Kulturleistung ist und dass wir darum genau diesen Umgang manchmal auch (neu) lernen müssen.

IV.2 Den Horizont erweitern mit Anna Karenina? Empathie und Ästhetik

Im vorherigen Kapitel haben wir über die Möglichkeit und gegebenenfalls Notwendigkeit der Empathie gegenüber Tieren gesprochen und dabei auch über die Schwierigkeiten, die sich dabei ergeben, nicht zuletzt hinsichtlich der Frage, ob wir tatsächlich die Perspektive eines Tieres einnehmen können. »Hier hätte ein Dichter beginnen können, der sich in den Affen einzufühlen vermag«, heißt es bei J.M. Coetzee, der seine Hauptfigur Elizabeth Costello in seinem Roman *Das Leben der Tiere* (2000) eine flammende Universitätsrede über unsere Verpflichtungen gegenüber Tieren halten lässt. Was die fiktionale Figur Costello mit ihrer Aussage aufzeigen will, ist, dass es insbesondere die Sensibilität und Vorstellungskraft der Literatur und von Schriftsteller*innen ist, Perspektiven auf eine Weise zu vergegenwärtigen, wie es Nicht-Dichter nicht könnten oder wie sie uns die Realität selten bietet. Sogar in Tiere sollen sich Dichter besser einfühlen können und wir uns mit ihnen bzw. ihren Werken.

Romane, Filme, Musik und Kunst im Allgemeinen sind nicht nur Unterhaltung oder ästhetischer Genuss, sondern sie bieten Möglichkeiten, »fremde Welten zu entdecken« (wie es etwa im Vorspann der TV-Serie *Star Trek The Next Generation* heißt), indem sie andere Lebensformen und Sichtweisen repräsentieren und ausdrücken, in die wir uns empathisch einfühlen. Insbesondere fiktionale Narrative, also, grob gesagt, erfundene Geschichten um einen oder mehrere Protagonist*innen herum, können uns helfen, Emotionen Anderer besser zu verstehen und möglicherweise auch unsere eigenen Emotionen besser zu begreifen; und zwar, indem sie nicht nur eine Geschichte *erzählen*, sondern in diese Geschichte »einsteigen«, wie es eine der bekanntesten Vertreter*innen der Literatur- und Emotionsphilosophie, Martha Nussbaum, formuliert: Narrative Kunstformen, so schreibt sie, »do not simply represent that story, they enter into it« (Nussbaum 2001: 236). Literatur und andere Kunstformen können uns, so meint sie, aus einem weiten Blickwinkel heraus die Vielfalten des Lebens *aufzeigen*. Sie können die Feinheiten dieses Lebens wie unter einer Lupe *vergrößern* und sie können die Vielfalt und Details auf überschaubarem Raum zu einem Ganzen *verdichten* (Krebs 2015; Vendrell Ferran 2018). Aber auch expressivere Kunstformen wie Musik, Tanz oder Architektur laden in der Rezeption ein, ausgedrückte Emotionen, Stimmungen und Atmosphären nachzuvollziehen und auf diese Weise etwas Neues zu sehen oder kennenzulernen (Schmetkamp/Zorn 2018). Wir haben schon bei Dilthey gesehen, dass Empathie mit fiktionalen Charakteren eine wertvolle Möglichkeit sein kann, sich neue Perspektiven zu erschließen (Schmetkamp 2019). Nach Nussbaum ermöglichen sie uns aber auch *überhaupt*, die Struktur von Emotionen besser zu verstehen und nachzuvollziehen: Wie im einleitenden Kapitel kurz dargestellt, vertreten einige Philosoph*innen eine narrative Theorie der Emotionen (Goldie 2000; Krebs 2015; Nussbaum 2001; Voss 2004). Emotionen haben demzufolge einen narrativen Verlauf mit einem Anfang, einem Höhepunkt und einem Ende. Sie sind eingebettet in ein Setting. Und wir können sie entsprechend nacherzählen. Fiktionale und non-fiktionale Narrative, in denen Emotionen, Gefühle, Stimmungen repräsentiert werden und zum Ausdruck kommen, bieten auch einen Rahmen, um eben diese Narrativität von Emotionen zu erzählen.

Die heutige Empathie-Debatte ist tatsächlich nicht nur mit der Entdeckung der Spiegelneuronen in Gang gekommen, sondern wurde nahezu parallel mit dem Revival der Rezeptionsästhetik reaktiviert, die ihren Fokus wieder stärker auf die vielfältigen ästhetischen Erfahrungen der Rezipient*innen legte und damit unter anderem auch auf verschiedene Dimensionen der sinnlichen, affektiven und leiblichen Involvierung (vgl. Deines/Liptow/Seel 2013; Küpper/Menke 2003). Mit den Reaktionen von Zuschauer*innen auf dargestellte und/oder ausgedrückte Emotionen in der Kunst haben sich zwar die gesamte Philosophiegeschichte hindurch Philosoph*innen und Ästhetiker*innen (affirmativ oder kritisch) befasst, von Aristoteles über Kant, Schiller und Lessing bis hin zu Brecht. Vor allem seit etwa den 1990er Jahren ist ein wiederaufkommendes Interesse an der emotionalen Involvierung und an der empathischen Teilhabe zu bemerken. Seitdem gibt es zahlreiche Veröffentlichungen zum Verhältnis von Kunst und emotionalem Engagement der Rezipient*innen, zu Empathie und Sympathie mit fiktionalen Charakteren, zu ästhetischen und ethischen Gefühlen mit Fiktionen, deren Geschichten und affektiven Expressivität (z.B. Currie 2004; 2016; Curtis/Koch 2009; Plantinga 2009; Schmetkamp 2017a; 2017b; Schmetkamp/Vendrell Ferran 2019; Smith 1995; Sobchak 2004; Voss 2013; Wettstein 2015). Es ist sinnvoll, mit diesem Kapitel einen etwas ausführlicheren Überblick zu geben, weil viele der bestehenden Empathie-Theorien in der Ästhetik diskutiert und weiterentwickelt werden. Vor allem Simulationstheorien werden in diesem Kontext debattiert, scheint es doch gerade im Hinblick auf literarische Narrative mit fiktionalen Charakteren naheliegend, dass wir a) unsere Imagination einsetzen und b) dass unsere Emotionen in der Rezeption irgendwie anders geartet sind: vorgetäuscht oder off-line. Darüber hinaus bieten sich expressivere Kunstformen wie der Film, die Musik oder der Tanz geradezu an, über Empathie als leibliche Resonanz und ein synchronisiertes Mitschwingen zu diskutieren. Kurzum: Ästhetische Erfahrung scheint für Empathieerfahrungen ein paradigmatisches Setting darzustellen. In der Ästhetik scheinen die Theorien, die wir in den Kapiteln II und III vorgestellt haben, darum in besonderem Maße auf ihre Plausibilität geprüft werden zu können. Ästhetische Erfahrungen und emotionale Einbindung durch Musik, bildende Kunst, Literatur, Film, Tanz, Theater, Videospiele oder andere kulturelle Erzeugnisse nehmen im Leben der meisten Menschen eine so bedeutende Rolle ein, dass es nur auf der Hand liegt, hier Empathie und Einfühlung zu untersuchen.

Aus Platzgründen wird hier der Fokus auf literarische sowie filmische Fiktion gerichtet, im Zentrum sollen vor allem simulationistische und phänomenologische Ansätze stehen. Zur Empathie und Sympathie mit Musik, Architektur, Lyrik und Tanz gibt es aber ebenso spannende Diskussionen, wobei in dieser Debatte entsprechend der Kunstform jeweils andere Schwerpunkte gesetzt werden, so dass etwa die Expressivität, die leibliche Involvierung, der Unterschied zwischen Empathie und Ansteckung sowie die Frage nach den Bedingungen und Formen emotionaler Resonanz im Zentrum der Untersuchungen stehen (Cochrane et al. 2013; Robinson 2012; Scruton 1997; Schmetkamp/Zorn 2018).

Warum ist Ästhetik für eine Einführung in die Theorien der Empathie von Interesse? Der Grund liegt nicht nur in einer besonderen kontextualen Anwendung und Prüfung. Vertreter*innen einer *kognitivistischen* Ästhetik verbinden mit unserer Involvierung in Narrative einen besonderen Erkenntniswert für unsere ›wirkliche‹ Welt, und Empathie ist ein Weg, diese besondere Erkenntnis zu gewinnen und eine Brücke zu schlagen zwischen Fiktion und Realität (Vendrell Ferran 2018). Dieser Position zufolge haben Literatur, Film und Kunst neben anderen Werten auch einen kognitiven Wert, indem sie uns neue Erkenntnisse liefern und unseren epistemischen und moralischen *Horizont* erweitern, eine These, die ich weiter unten am Beispiel von Richard Rorty genauer erläutern werde. Empathie und andere Formen der emotionalen Involvierung von Rezipient*innen tragen einigen Ansätzen zufolge dazu bei, diese kognitive, epistemische und in gewisser Weise auch existenzielle Verknüpfung zwischen Fiktion bzw. Kunstwerk und Welt durch die Möglichkeit der imaginativen Perspektiveneinnahme zu unterstützen. Mehr noch: Besonders die Fiktion, so denken einige und so haben psychologische Studien zu belegen versucht, könnte umgekehrt auch unsere Fähigkeit zur Empathie in unserem Leben jenseits der Involvierung in Fiktionen *verbessern*. So ist die Psychologin Emy Koopman zum Beispiel überzeugt, dass wir über unser Mitfühlen mit partikularen fiktionalen Charakteren unsere neu gewonnene Kenntnis dieser Gefühle auch für die wirkliche Welt ausweiten können, dass wir sensitiver werden und dass wir dadurch generell ein besseres Verständnis für das Leiden Anderer entwickeln (Koopman 2015; kritisch dazu: Currie 2016). Zusätzlich zu den Fragen, wie Empathie zu definieren ist und welche epistemische, entwicklungspsychologische, soziale und moralische Funktion ihr zugeschrieben werden kann, wird in der Ästhetik also auch noch diskutiert, welche ästhetische Funktion sie hat und ob sie mittels ästhetischer Erfahrungen kultivierbar ist.

»Seit einigen Jahren stellen wir uns wieder die uralten Fragen«, schreibt der Filmwissenschaftler Alex Neill in einem Aufsatz von 1996, der in der Debatte schon als Klassiker gilt: »Wie und warum kann es sein, dass wir auf Figuren und Ereignisse emotional reagieren, obwohl wir genau wissen, dass sie fiktional sind?« (Neill 2017: 31) Neill spricht damit zwei Paradoxa an: das sogenannte Paradox der Fiktion (Yanal 1999) und das Paradox der Tragödie (Breithaupt 2017). Zum Paradox der Fiktion: Wie kann es sein, dass wir mit Gefühlen auf etwas reagieren – indem wir zum Beispiel Angst um das Leben einer Protagonistin eines fiktionalen Films haben –, obwohl wir wissen, dass das Dargestellte nicht real und *de facto* kein Leben bedroht ist? Zum Paradox der Tragödie: Warum haben wir Gefallen daran, negative Erlebnisse nachzuvollziehen? Beide Paradoxa, oder sagen wir besser: Rätsel, sind dadurch erklärbar, dass die empathische Teilhabe an Fiktionen epistemisch und moralisch entlastet ist; dass wir sozusagen Gefühle, Erfahrungen, Perspektiven *ausprobieren* können. Das macht den ästhetischen Genuss aus.

Dass unser Mitfühlen mit Fiktionen als ein Paradox gesehen wird, hat unter anderem damit zu tun, dass die meisten Emotionstheorien Gefühlen zum einen eine Überzeugungskomponente, zum anderen eine motivationale Komponente zuschreiben. Empfinde ich Angst beim Anblick eines wütenden Menschen mit einer Waffe in der Hand, die dieser auf mich richtet, so ist (zumindest nach einigen kognitivistischen Emotionstheorien) in diesem Gefühl die Überzeugung enthalten, dass dieser Mensch eine Bedrohung für mich darstellt. Das formale Objekt meiner Angst ist die Gefahr, die von dem Menschen für mein Leben ausgeht. Wenn aber der Mensch gar nicht real ist, muss ich keine Angst haben, denn er stellt ja keine Gefahr dar. In dem Wissen darum motiviert mich das Gefühl auch nicht zum Handeln, ich renne, kurz gesagt, beim Anblick einer Kinoszene mit dem beschriebenen Setting nicht aus dem Saal heraus. Dennoch empfinde ich so etwas wie Angst. Nehmen wir als Beispiel die berühmte Szene aus Martin Scorseses Film *Taxi Driver*, in der die Hauptfigur Travis Bickle (Robert De Niro) einstudiert, wie er jemanden mit der Pistole bedroht: »You talkin' to me?« lautet der berühmte Spruch, den er zusammen mit dem ruckartig hochgezogenen Lauf der Pistole wieder und wieder gegen sein eigenes Spiegelbild richtet. Die Kamera nimmt eine subjektive Point-of-View-Perspektive aus der Sicht des Spiegelbildes ein, was empathietheoretisch schon allein deshalb interessant ist, als der empathische Prozess häufig ja auch mit einem Spiegeln der Emotionen in Verbindung gebracht wird, wie wir es bei der Darstellung der Resonanztheorien verdeutlicht haben (vgl. Breyer 2015a). Als Zuschauerin nehmen wir wiederum die Kameraposition ein, wir können entsprechend dem Prinzip der Präfokussierung nicht anders, als ihrer visuellen Perspektive zu folgen und somit direkt ins Gesicht bzw. in den Lauf der Pistole von Bickle zu blicken. Würden wir die Situation nicht in ihrer Fiktionalität begreifen, müssten wir uns bedroht fühlen und Angst sowie die damit verbundene Handlungsbereitschaft haben. Obwohl die Szene eine enorm immersive Kraft aufweist, können wir unsere Aufmerksamkeit bis zu einem gewissen Grad distribuieren. Wir sind zwar visuell, narrativ und affektiv auch stark an das gebunden, was uns der Film bietet, wir sind »präfokussiert« (Carroll 1998: 264; 2011; Plantinga 2009: 79). Aber wir können durchaus, befreit von der unmittelbar bedrohlichen Situation und Handlungsbereitschaft, verschiedene Perspektiven einnehmen und uns zwischen diesen hin und her bewegen: Was mag Bickle fühlen? Was würde ein potenzielles fiktionales Gegenüber von Bickle fühlen? Und wie mag es in der Wirklichkeit sein, von jemandem mit dieser Wut und Nervosität im Blick mit einer Waffe bedroht zu werden? Wir sind nicht nur absorbiert in dieser Szene, wir reflektieren auch und stellen Bezüge zu unserer Welt her. Samuel Johnson hat das mit Bezug auf Shakespeares Dramen und ihre Bedeutung in etwa so formuliert: Was uns im Herzen rührt, ist nicht, dass die Bösen dort vor uns wirklich böse sind, sondern dass es Böse sind, denen wir selbst einmal ausgeliefert sein könnten (zitiert nach Yanal 1999: 35). Damit ist der *Weltbezug* der Fiktion unterstrichen (Vendrell Ferran 2018).

Obwohl mehr oder weniger manipuliert in dem, was wir wahrnehmen und auf was wir emotional reagieren, können wir auch eine gewisse Distanz zur Fiktion schon deshalb bewahren, weil wir, wie Christiane Voss es formuliert, »selbst im Falle intensiver Absorption eindeutig nicht glauben [...], dass das Filmgeschehen in einem herkömmlichen Sinne real ist« (Voss 2008: 70). Wir wissen, dass es Fiktion ist. Voss spricht in ihrem Buch *Der Leibkörper* auch von einer »Methexis« des Zuschauers im Sinne einer aktiven Teilhabe am Leinwandgeschehen, die aber mit einer kontrollierten Distanz zum Gegenstand und zu sich selbst im Sinne einer Reflexivität verbunden ist. »Wäre das Erste nicht (Teilhabe), so würde Kunst nichts bewirken. Wäre das Zweite nicht (Distanz), so würde Kunst den Rezipienten determinieren.« (Voss 2013: 38) Und trotzdem, so argumentiert etwa der Philosoph Richard Moran, können wir etwas fühlen, und solche emotionalen Zustände seien weder als Ausnahme von »normalen« Emotionen abzugrenzen, noch als irrational abzutun; sie finden schlicht in einem abgesteckten, *ästhetischen* Setting statt (Moran 1994: 78; vgl. außerdem Plantinga 2009: 77).

In Bezug auf die Frage, welche Rolle Empathie dabei spielt, wird das Ganze psychologisch und philosophisch dann verkompliziert, wenn es unterschiedliche Vorstellungen darüber gibt, a) was genau der empathische Prozess involviert und b) welche anderen emotionalen Involvierungen es hier zu berücksichtigen gilt. Wie bereits dargestellt, unterscheidet sich etwa die empathische Vergegenwärtigung fremdpsychischer Erfahrungen von der sympathischen Sorge dahingehend, dass Empathie (mehr oder weniger) ein Mitfühlen bzw. Nachfühlen der Gefühlssituation anderer Personen ist. Wenn das Nachfühlen ein deckungsgleiches

Fühlen impliziert, so würde das bedeuten, dass die duplizierte Angst einer Filmfigur uns auch zum Handeln motivieren sollte, sonst wäre sie nicht deckungsgleich. Unsere Motivation ist aber in der Tat eine andere als die der Figur. Mindestens in dieser Hinsicht sind die jeweiligen Strukturen der Gefühle also unterschiedlich. Wenn wir indes Angst um die Figur haben – während sie vielleicht gar keine Angst hat –, so handelt es sich nicht um Empathie, sondern um Sympathie, Mitgefühl, Sorge um die Figur, deren Wohlbefinden wir wünschen. Hinzu kommt, dass wir Empathie nicht nur mit den fiktionalen Charakteren empfinden können, sondern auch auf einer Metaebene zum Beispiel die Perspektive eines impliziten oder expliziten Autors nachvollziehen (Yanal 1999: 35 ff.).

Der Untersuchungsbereich zur empathischen Involvierung in der Fiktion ist also für eine Einführung in die Theorien der Empathie in mindestens zwei Hinsichten herausfordernd: Anders als bei realen Begegnungen haben wir es bei Fiktionen immer mit Emotionen und Erfahrungen zu tun, die fiktional, also erfunden bzw. gespielt sind und deren Vergegenwärtigung unsere Imagination erfordert (Schmetkamp/Vendrell Ferran 2019). Es stellen sich hier epistemische, ontologische und konzeptuelle Fragen: *Was* ist es, das hier empathisch wahrgenommen wird? Was erfahren und *erkennen* wir dabei? Und: Welche *Empathie-Ansätze* sind hier überhaupt plausibel? Zum anderen stellt der Kontext aber auch einen *paradigmatischen* Fall für Empathie dar: Hier wird uns ein Kontext geboten, uns empathisch *einzulassen*, *einzutreten* in eine fremde Welt. Aber wie soll der »Eintritt« in fiktionale Narrative genau verstanden werden? Was gewinnen wir aus der Untersuchung dieses Bereichs für die alltägliche Empathie? (Hagener/Vendrell Ferran 2017: 21 f.)

Empathie gehört, so argumentieren einige, grundlegend zu unserem Umgang mit narrativen Fiktionen dazu: Um einer Geschichte folgen zu können, müssen wir versuchen, die Erfahrungen und das Verhalten der fiktionalen Charaktere – zum Beispiel in einem Roman oder einem Spielfilm – *nachzuvollziehen*. Nur so können wir uns die Gründe für ihr Handeln erschließen bzw. mögliches zukünftiges Handeln vorhersagen. Selbst dort, wo dieser Versuch scheitert, hat die Empathie bzw. ihr Misserfolg eine ästhetische und narrationslogische Funktion: Die durch das ästhetische Werk induzierte Negation des Verstehens lässt sich gerade vor dem Hintergrund erklären, dass wir stets verstehen wollen. Ein Roman kann unseren Empathieversuch auch vereiteln und uns zu der Erkenntnis führen, dass wir nicht jeden und alles verstehen *können* und sollen (Mahlke 2018: 83). Zwischen Werken, die zum Nachvollzug einladen, und solchen, die eine empathische Teilnahme erschweren, besteht eine graduelle Bandbreite, was unter anderem mit den jeweiligen Techniken des Erzählens, des Ausdrucks, aber auch mit der Gesamtperspektive des Werkes zusammenhängt (Wettstein 2015: 110).

Begreift man Empathie im Sinne des Vergegenwärtigens von fremden Erfahrungen und Perspektiven, so bedeutet das auch, dass wir via Empathie dem Narrativ und den Handlungen der Figuren überhaupt folgen. In diesem Sinne hätte sie eine rudimentär formale Funktion. Aber sie kann auch, wie oben bereits angedeutet, die ästhetische Lust an Fiktionen ausmachen. Ein Charakteristikum unseres Umgangs mit Fiktionen ist nämlich, dass wir fremde Perspektiven gewissermaßen ausprobieren können, ohne in unserer motivationalen und moralischen Verantwortung aufgefordert zu sein: Fiktionen *entlasten* uns epistemisch, attentional und normativ, weil das, was wir wahrnehmen und empathisch nachvollziehen, nicht real ist. »Fiktionale Figuren stellen weder eine Bedrohung dar, noch können wir etwas an ihrer Lage ändern. Die Gefühle, die wir ihnen gegenüber haben, sind frei von den normalen Kosten des Mitgefühls, das heißt, von der aktiven Notwendigkeit einzugreifen.« (Scruton 1997: 354 f., zitiert nach Krebs 2015: 243; vgl. auch Breithaupt 2017: 150 ff.) Wir können das Dargestellte und Ausgedrückte erst einmal so nehmen, wie es ist, ohne handelnd darauf reagieren zu müssen bzw. überhaupt zu können. Dies macht einen Teil unserer Neugierde, unserer Spannung und unseres Genusses aus, die wir beim Filmschauen oder bei der Lektüre von Romanen empfinden. Mehr noch: Unsere Aufmerksamkeit ist entlastet und kann sich auf andere Aspekte der Situation als die unmittelbar *relevanten* konzentrieren. Das Ergebnis könnte sein, so beschreibt es der Philosoph Bence Nanay mit Verweis auf eine These des Malers und Kunstkritikers Roger Fry, dass wir in der ästhetischen Wahrnehmung auch umfassender und klarer betrachten können, weil wir von der praktischen Herausforderung befreit sind, die für eine Handlung entscheidenden Merkmale einer Handlungssituation zu filtern. Die Entlastung besteht darin, dass wir Beobachter und Zuschauer sind, nicht direkt Beteiligte, und somit auch nicht direkt Akteure, als welche wir sonst nur die Aspekte wahrnehmen würden, die für unser Handeln in einer gegebenen Situation angemessen wären (Nanay 2016: 33 f.). Fritz Breithaupt bringt noch das Argument vor, dass die fiktionalen Charaktere in der Regel sehr kontrastreich und dichotomisch angelegt, oft gut oder böse sind. Das dient einer erleichterten Orientierung, die wiederum das Empathisieren erleichtert (Breithaupt 2017). Wir könnten sogar Tragisches genießen, gerade weil wir wissen, dass es ein *Ende* hat – anders als in der Wirklichkeit.

Die Empathie mit Fiktionen ist von unserem Umgang mit realen Personen, denen wir im direkten Austausch begegnen, also in gewissen Hinsichten zu unterscheiden. Begegnungen mit realen Personen in der realen Welt sind in der Regel nicht nur von einem (funktionalen oder nicht-funktionalen) Anspruch, Andere zu verstehen oder von Anderen verstanden zu werden, durchzogen, sondern enthalten auch direkte oder indirekte Handlungsaufforderungen. Auf entsprechende »Forderungen« fiktionaler Charaktere indes – *de facto fordern* fiktionale Charaktere natürlich nichts, allenfalls erfordert das Werk etwas im Hinblick auf seine adäquate Rezeption – *können* wir aus ontologischen Gründen gar nicht in gleicher Weise reagieren. Wir wissen das, wenn wir uns auf eine fiktionale Welt einlassen. Es wäre lächerlich, *Superman* auf der Leinwand beiseite springen zu wollen, und eine literarische Geschichte nimmt keinen anderen Verlauf, wenn wir eine Seite aus einem Buch herausreißen. Anna Karenina wird nie tatsächlich zum Leben erweckt, selbst wenn wir die Geschichte umschreiben würden – sie bleibt Teil einer erfundenen Geschichte.

Empathische und mitfühlende Teilhabe an fiktionalen Narrativen ist rational und kann von Wert für unser Leben sein, indem wir durch sie nicht nur an den Gefühlen der Figuren auf besondere Weise Anteil nehmen oder etwas über die Perspektive des impliziten oder expliziten Autors erfahren (Moran 1994). Sondern auch, weil wir darüber, wie Martha Nussbaum argumentiert, etwas über die (emotionalen und perspektivischen) *Möglichkeiten* unseres eigenen Lebens erfahren (Nussbaum 2001: 238–248). In der Debatte zum Verhältnis zwischen Empathie und Ästhetik oder Empathie und Fiktion geht es also nicht nur um das Verständnis der Struktur der Empathie, sondern auch darum, deren Funktion herauszuarbeiten.

Richard Rortys These der Erlösung durch Literatur

Der Neopragmatist Richard Rorty vertritt in seinem Aufsatz *Der Roman als Mittel zur Erlösung aus der Selbstbezogenheit* die These, dass fiktionale Werke wie etwa Romane uns die Möglichkeit böten, uns aus der eigenen egoistischen Perspektive zu lösen und unseren Horizont zu erweitern, indem wir neue Sichtweisen und Optionen zu fühlen, zu beurteilen und zu handeln kennenlernen. Dies diene der Transformation von Welt- und Selbstsicht. »Um sich zu verändern, kommt es darauf an, an einen Ort gebracht zu werden, von dem aus neues sichtbar wird.« (Rorty ^{2}2016: 52) Diese Art der Selbsttransformation setze voraus, dass wir unseren Standort ändern bzw. dass wir unsere *Perspektive* verändern, um dann auch die Perspektiven Anderer zu verstehen. Ein Weg zu dieser Veränderung führt über Empathie. Rorty verbindet damit auch einen dezidiert ethischen und politischen Anspruch und argumentiert radikal für einen Zugang über die Fiktion: Er meint, dass wir den Grausamkeiten in der Welt nicht mit Theorien, sondern nur mit der Kraft der Imagination begegnen können, weil wir mit ihrer Hilfe unsere Sensibilität für den partikularen Schmerz und die Demütigungen konkreter Einzelner steigern können. Zwei Leistungen verbindet Rorty mit dem empathischen Perspektivenwechsel und der Perspektivenerweiterung qua Literatur: Erstens beförderten sie die Autonomie. Zweitens führten sie zu mehr Toleranz.

Eine Ausgangsthese von Rorty lautet (und damit schließt er an eine Theorie des Literaturwissenschaftlers Harold Bloom an), dass wir uns zu einem autonomen Selbst unter anderem dadurch entwickeln, dass wir uns in andere Menschen hineinversetzen. Mehr noch: Durch den Umgang mit fiktionalen Texten könnten wir ursprüngliche Urteile über Andere überdenken und dadurch »verständnisvoller, klüger, stärker und weiser werden« (Rorty, ^{2}2016, 49). Die ethische These, die Rorty vertritt, bezieht sich aber nicht nur auf ein Verständnis des Lebens Anderer, sondern impliziert auch die Idee, dass wir durch solche Prozesse von »Scheuklappen« befreit werden und ein höheres Maß an Eigenständigkeit, eben Autonomie, erlangen. Diese Eigenständigkeit konstituiert sich nach Rorty nicht nur über eine subjektive, sondern auch durch eine »aufgeklärte« Perspektive: Weg von den Allgemeinplätzen, lautet Rortys ethischer Anspruch, um zu mehr Autonomie zu gelangen. Auf der Grundlage der Überlegungen Rortys lassen sich drei Wege ausmachen, auf denen Neues sichtbar werden und eine Perspektivenveränderung stattfinden kann: Erstens können wir durch narrative Literatur *neue Charaktere* und deren subjektive Perspektiven kennenlernen, ähnlich wie wenn wir in unserem Leben unbekannten Menschen begegnen (ebd.: 52 u. 56). Diesen Weg können wir qua subjektiver Perspektiveneinnahme beschreiten. Dies geschieht vor allem mithilfe einer komplexen Empathie, die uns darin unterstützt, die subjektiven Gefühle, Handlungen, Lebensweisen, Bedürfnisse und Selbstbeschreibungen Anderer besser zu erkennen und zu verstehen. Ich möchte diesen Weg *als empathisches Neukennenlernen* bezeichnen. Zweitens können wir laut Rorty mit jedem neuen Buch und Autor bereits Gelesenes und Gelerntes in einem *neuen Zusammenhang* erkennen und dadurch auf einer Metaebene eine neue Perspektive auf etwas bisher Bekanntes gewinnen. Diesen Weg möchte ich als *metanarrative Neukontextualisierung* bezeichnen. Ein dritter Weg ist, dass durch eine neue Art, etwas auszudrücken, durch eine neuartige Metapher oder einen innovativen Vergleich unsere Wahrnehmung auf etwas verändert und unsere Erfahrung bereichert wird. Diesen Weg nenne ich *ästhetische Neuausrichtung*. Alle drei Wege – Neukennenlernen, Neukontextualisierung, Neuausrichtung –, die sich teilweise überschneiden, erweitern den »Horizont unseres Vorstellungsvermögens« (Rorty ^{2}2016: 62). Rorty bezeichnet diese Wege auch als imaginative Neubeschreibung, die mit einer Loslösung aus der Selbstzufriedenheit verbunden ist. Eine Selbstzufriedenheit äußere sich darin zu glauben, dass man schon alles wisse, ohne dafür die Selbstbeschreibungen Anderer zur Kenntnis zu nehmen (ebd.: 58). Diese Wege zur Loslösung böten uns vor allem

Werke wie jene der Schriftsteller Henry James und Marcel Proust, die »uns nicht bloß Porträts von uns bislang unbekannten Personen« präsentierten, sondern uns auch nötigten, »uns heftigen Selbstzweifeln auszusetzen« (ebd.: 60; vgl. zu James auch Krebs 2015). Die Leistung der Literatur zeigt sich nach Rorty also nicht bloß darin, dass wir die subjektiven Perspektiven anderer Personen kennenlernen und verstehen, sondern dass der eigentliche ethische Wert in der Selbsterkenntnis und Selbstveränderung besteht oder, radikaler ausgedrückt, darin, dass uns das Lesen »in eine ganz andere Art von Mensch verwandelt« (ebd.: 61), und zwar nicht zuletzt durch unsere Fähigkeit der empathischen Perspektiveneinnahme.

Filmische Empathie

Als expressives und immersives Medium par excellence ist Film in besonderer Weise herausfordernd, was die Rolle der Empathie und die Kompatibilität der in diesem Band besprochenen Empathie-Ansätze betrifft. Während etwa die Literatur viel von unserer Imaginationskraft einfordert und sich hier *prima facie* ein simulationistischer Ansatz anzubieten scheint, spricht uns der Film mit seinen technischen Mitteln des bewegten Bildes, des Tons und der Montage auf einer sehr viel direkteren und körperlicheren Ebene an. Hier sind neben der empathischen Perspektiveneinnahme auch die Gefühlsansteckung und eine »somatische« oder verkörperte Empathie zentrale Modi der Resonanz auf das erzählte und ausgedrückte Erleben der Figuren oder auf die affektive Gestimmtheit des Werks im Ganzen (Brinckmann 1999; Morsch 2011; Vaage 2007). Musik, Bilder und (schnelle) Schnitte beispielsweise können uns viel stärker automatisch in etwas hineinziehen, während bei der Literaturlektüre in der Regel eine größere Distanz besteht. Durch Kameraeinstellungen wie die Großaufnahme eines Gesichts oder einen subjektiven Point-of-View-Shot – gefilmt aus der Erste-Person-Perspektive einer Filmfigur – können Ansteckung und andere Formen der mimetischen Affektübertragung verstärkt, aber auch die lebhafte Imagination der Erfahrungsperspektive der Figur erleichtert werden (Koch 2016: 568; Vaage 2007: 106 f.). Bei Romanen kommt der repräsentationalen Dimension in der Regel größeres Gewicht zu als der expressiven, während beim Film Techniken zum Einsatz kommen, die uns in ihrem illusorischen Effekt überwältigen können (Koch 2016; Wettstein 2015: 117). Traurige Musik im Film etwa evoziert meist – wenn sie nicht ironisch eingesetzt wird – eine traurige Stimmung oder Atmosphäre, die derart mächtig auf die Rezipient*innen einwirken kann, dass diese sich dem kaum entziehen können. Der affektive Ausdruckscharakter des Films kann daneben aber auch zu einer weniger mitreißenden empathischen Reaktion und zu einer quasi-direkten Wahrnehmung des Gefühlskontextes ähnlich der realen Interaktionsempathie führen. Es besteht zwar ein ontologischer Unterschied zwischen unseren Face-to-Face-Begegnungen mit realen Personen und unserer Auseinandersetzung mit fiktionalen Figuren, der augenscheinlich darin besteht, dass die einen aus »Fleisch und Blut« und präsent sind und die anderen nicht (Schmetkamp/Vendrell Ferran 2019). Diese ontologische Differenz mündet aber nicht zugleich in eine epistemische: Denn beide empathischen Nachvollzugsmöglichkeiten bergen eine Form von Erkenntnis darüber, was oder wie etwas ist oder sein könnte. Das Maß der Imagination ebenso wie die empathische Involvierung und andere Formen der emotionalen Teilhabe hängen aber sehr von dem jeweiligen Film, dem Genre, den Erzählformen sowie den Zuschauererfahrungen und -perspektiven ab, wie Margrethe Bruun Vaage hervorhebt:

»Während Filme des Mainstreams oder des klassischen Kinos darauf aus sind, an dramatischen Höhepunkten mit subjektiven Erzählformen dem Gefühl nahe zu kommen, selbst an Stelle der Figur zu sein, dominiert im Kunstfilm die Tradition der ›Entdramatisierung‹, die [...] es dem Zuschauer überlässt, sich am fiktionalen Universum imaginativ zu beteiligen – auch ohne Hilfe des filmischen Ausdrucks [...] Ob man sich auf den Film einlässt, hängt nicht nur vom Film ab, sondern auch von der Affinität der Zuschauer – etwa davon, wie relevant das Thema für sie ist und wie motiviert sie sich zeigen, imaginativ in das fiktionale Universum einzutreten, oder auch wie nahe die Filmfiguren ihren Neigungen und Erfahrungen, ihrem Geschmack sind.« (Vaage 2007: 109)

Im Folgenden sollen exemplarisch Ansätze aus der kognitivistischen Filmtheorie sowie filmphänomenologische Ansätze vorgestellt werden, die auch die allgemeine Empathie-Debatte mitbestimmen.

Kognitivistische Ansätze

Die kognitivistische Filmtheorie nimmt ihren Anfang etwa Mitte der 1980er Jahre in Reaktion auf die bis dahin dominierenden psychoanalytischen und semiotischen Filmtheorien (Bordwell 1989). Unter Rekurs auf die Kognitions- und Neurowissenschaften konzentrieren sich die Vertreter dieser Theorie – mit ihren Pionieren David Bordwell (1985), Noël Carroll (1990; 1998) und Gregory Currie (1995) – auf die perzeptiven und kognitiven Prozesse der Zuschauererfahrungen als aktiv und zielorientiert (und weniger passiv oder ausgeliefert). Die kognitivistische Theorie untersucht, inwieweit die Erfahrungen der kinematografischen Bilder und Narrative mit unseren Erfahrungen wirklicher Ereignisse übereinstimmen oder davon zu unterscheiden sind. Dass Empathie dabei ein Schlüsselkonzept ist, liegt geradezu auf der Hand. Umstritten in der kognitivistischen Debatte ist a) wie Empathie in Bezug auf Film zu definieren ist, und b) welche Rolle Empathie im Vergleich zu anderen affektiven Reaktionen spielt. So lehnt etwa Noël Carroll ein Konzept von Empathie im Sinne einer Identifikation mit den fiktionalen Charakteren ab (Carroll 2011). Seine Kritik bezieht sich damit vor allem auf eine zentralimaginative Perspektiveneinnahme mit Gefühlsreplikation oder -fusion, wie wir sie etwa auch schon in der Lipps'-schen Imitationstheorie der Empathie oder auch in einigen simulationstheoretischen Ansätzen angetroffen haben. Nach Carroll bräuchten wir uns nicht mit der Filmfigur zu identifizieren, sondern müssten nur eine »Ahnung« davon haben, ob die Reaktion der Figur angemessen ist. Statt von Identifikation mit der Figur spricht Carroll von einer Assimilation der Situation, und zwar *aus der Perspektive der Figur* (Carroll 1990: 95 f.). Wir würden nicht wie die Figur reagieren, deren Gefühl sich auf ein bestimmtes Objekt richtet. Sondern wir würden uns aus einer neutralen Perspektive zur Situation der Figur verhalten. Dazu ist es hilfreich zu wissen, dass Carroll »aus der Perspektive« als einen azentralen Vorgang versteht und nicht als einen zentralimaginierenden. Der azentrale Prozess impliziert nur ein Verstehen der Interessen und Werturteile der Figur, nicht eine Replikation ihrer mentalen Vorgänge. Unter Empathie versteht Carroll aber genau eine solche Replikation und lehnt sie als zentralen Bestandteil der Filmerfahrung ab. Die *sympathy* sei ein wesentlich zentraleres Gefühl: die Sorge um die Hauptcharaktere. Diese aber setze nicht voraus, dass wir uns zentral in die Perspektive einer Person hineinversetzten, sondern dass wir uns vielmehr azentral vorstellen, *dass* die Figur etwas Bestimmtes erlebt. Diese Vorstellung oder »Annahme« sei von der empathischen Teilhabe dahingehend zu unterscheiden, dass die Zuschauer nicht die Erlebnisse der Figuren teilten (Goldman 2006: 47; Vaage 2007: 103 f.).

Es hängt aber freilich auch hierbei wieder viel davon ab, wie Empathie begriffen wird: ob als kognitiver Nachvollzug oder als affektiver Mitvollzug mit Gefühlsübereinstimmung oder als ein narrativ-expressives Verstehen der kontextualen Ausdruckssituation. So vielfältig eine filmische oder literarische Fiktion in Ausdruck und Erzählperspektiven sein kann, so vielfältig scheint daher auch die Involvierung des Zuschauers sein zu können. Murray Smith präsentiert in seinem Buch *Engaging Characters* (1995) eine komplexe Struktur der empathischen und sympathetischen Zuschauerinvolvierung. Wie bereits mit Carroll und Plantinga unter dem Stichwort »Präfokussierung« angedeutet, geht auch er davon aus, dass unsere emotionale Involvierung durch das Narrativ und die entsprechenden Mittel vorgegeben ist. Er meint aber außerdem ähnlich wie Neill, dass bestimmte empathische und sympathetische Reaktionen notwendig sind, um dem Narrativ zu folgen. Zentral sei eine »imaginative Aktivität«, anhand deren wir die Erfahrungen der fiktionalen Charaktere nachvollziehen, interpretieren und beurteilen. Fiktionen ermöglichten eine »Quasi-Erfahrung« von Situationen, Personen und deren Werten (Smith 1995: 74). Die Erkenntnisse variierten in dem Maße, wie die filmische Fiktion uns Informationen über die Charaktere und deren Innenleben zur Verfügung stelle. Detektiv-Stories etwa seien in dieser Hinsicht weniger »kommunikativ« als Melodramen, was die Darstellung mentaler Zustände der fiktionalen Charaktere, ihrer Ursachen und Entwicklungen betrifft (Smith 1995: 75). Manche Filme binden uns an nur eine Hauptfigur, andere an mehrere Charaktere. Die Struktur der Zuschauerinvolvierung sieht Smith bestimmt durch drei Faktoren: (An-)Erkennung (»recognition«), Anbindung (»alignment«) und Loyalität (»allegiance«) (Smith 1995: 82 ff.). Unter »recognition« versteht Smith die formale Voraussetzung für jedes weitere Verstehen, dass wir im Falle der fiktionalen Figuren mentale Vorgänge als analog zu denen realer Personen annähmen. »Alignment« ist die Anbindung oder Ausrichtung der Aufmerksamkeit der Zuschauer*innen auf die Figur, unterstützt durch bestimmte Erzähl- und Kameraperspektiven. Durch »allegiance« schließlich verbündeten sich die Zuschauer*innen mit den Figuren auch in moralischer Hinsicht. Psychoanalytische Filmtheorien sahen genau in solchen Techniken der Anbindung eine problematische Form der Identifikation, insbesondere mit einem vorherrschenden patriarchalen und voyeuristischen Blick vieler Mainstream-Filme, die über Techniken wie den Point-of-View-Shot die subjektive Wahrnehmung der (männlichen) Filmfigur oder des männlichen Blicks förderten (Mulvey 1975). Dem hält Smith entgegen, Recognition, Alignment und Allegiance implizierten nicht, dass die Zuschauer*innen die Charakterzüge, Gedanken oder Gefühle der Filmfiguren replizieren müssten. Recognition und Alignment meinten vielmehr ein Verstehen, dass bestimmte mentale Prozesse und Charaktereigenschaften die Filmfigur ausmachten. Allenfalls in unserer Allianz mit den Charakteren würden wir über ein Verstehen hinausgehen und uns evaluativ zu deren Zügen, Gefühlen und Handlungen verhalten. Wir fällten auf dieser Grundlage etwa ein Urteil, ob die Reaktionen einer Filmfigur ihrer Situation angemessen seien. Diese Allianz sei aber eine Form der Sympathie oder könne auch in eine Antipathie umschlagen.

Phänomenologische Ansätze

Filmphänomenologische Ansätze richten ihren Fokus stärker auf die leibliche Erfahrung der Rezeption, während kognitivistische Ansätze die kognitiven Vorgänge in den Vordergrund rücken. Dieser unterschiedliche Fokus hat Auswirkungen darauf, welches Empathie-Konzept vertreten wird. Während die Kognitivisten, wie verdeutlicht, bei der Erklärung der empathischen Involvierung eher zu Theorien des Geistes wie der Theorie Theorie oder der Simulationstheorie greifen, lässt sich die Filmphänomenologie der Gruppe der Resonanztheorien und gegebenenfalls der Gruppe der Interaktionstheorien zuordnen. Fangen wir mit letzterer an: Ich schreibe »gegebenenfalls«, weil die Filmphänomenologie nur mit den narrativistischen Theorien kompatibel scheint, während es bei der Theorie der direkten Wahrnehmung *prima facie* zu einem Widerspruch kommt: Die DWT argumentiert, dass wir die Erfahrung des Fremdpsychischen in der direkten zwischenleiblichen Interaktion machen und dass uns die Erfahrung des Anderen in seinem Ausdruck unmittelbar gegenwärtig ist. Das ist im Fall von Literatur oder Film nicht der Fall, denn es findet kein direkter Austausch zwischen Zuschauerin und Filmfigur statt, und selbst wenn uns, wie wir unten gleich verdeutlichen werden, der Ausdruck des Films ›anspricht‹, so kommt es niemals zu einer *reziproken* Interaktion. Allerdings gehört Film zu den ausdrucksstärksten Medien, und seine Expressivität gehört zur Filmerfahrung dazu. Mit anderen Worten: Wir lesen beim Film nicht nur den »mind« der Filmfiguren, wie dies vor allem die Kognitivisten betonen, sondern wir werden auch auf der Ausdrucksebene leiblich affiziert. Die Großaufnahme einer dampfenden Kaffeetasse ist für uns oft mit dem lebhaften Eindruck verbunden, wie Kaffee riecht, schmeckt, wie eine heiße Kaffeetasse sich anfühlt oder *wie es ist*, Kaffee zu trinken. Wir theoretisieren nicht, noch imaginieren wir nur die Absicht der Filmfigur, einen Kaffee zu trinken oder ihren Genuss daran; über die Nahaufnahme des Kaffees selbst können synästhetische Eindrücke der Hitze, des Geruchs, des Geschmacks, der Flüssigkeit entstehen. Hier ist an das Konzept der ästhetischen Einfühlung der frühen philosophischen Psychologie von Theodor Lipps zu erinnern: unser Vermögen, uns auch in Formen, Farben und Bewegungen einzufühlen. Dabei würden wir von der Expressivität derart ergriffen, dass wir das, was wir in einer Form, Farbe und Bewegung wahrnähmen, auch mitempfinden: den Verlauf einer Straße, die Kühle eines Steins, die Melancholie einer Trauerweide mit ihren hängenden Ästen, aber auch das Spiel eines Fußballspielers. Unser leibliches Engagement mit solchen ästhetischen »Affordanzen« – das, wozu uns das Objekt einlädt – ist dabei nach phänomenologischer Lesart selbst eingebettet in unsere Erfahrungen, Fähigkeiten und Kenntnisse. Mit anderen Worten: *Wie* wir die Kaffeeszene wahrnehmen, ist nicht nur eine Frage der ästhetischen Einfühlung, die dann bei allen Zuschauer*innen gleich wäre, sondern hat wiederum mit unserer eigenen verkörperten Perspektive auf die Welt zu tun. Maurice Merleau-Ponty, auf den sich heute einige der Verkörperungstheoretiker und Phänomenologinnen beziehen, hat das am Beispiel des Fußballspiels und -feldes beschrieben. Für einen geübten oder erfahrenen Fußballspieler ist das Fußballfeld nicht neutral oder statisch, sondern zeigt sich dem Spieler vor dem Hintergrund von dessen eigenen Erfahrungen und Kenntnissen in seinen Möglichkeiten für Wahrnehmung, Bewegung und Aktion. »Der Fußballplatz ist von Kraftlinien durchzogen [...] in Abschnitte gegliedert (z.B. die ›Lücken‹ zwischen den Gegnern), die eine Aktion von ganz bestimmter Art herbeirufen.« (Merleau-Ponty 1976: 193 f.) Es ist die Einheit einer Erfahrungssituation, die leiblich erfahren wird und die im »temporalen Abfluss ihrer kinästhetischen Erfahrungen stets aufs Neue hergestellt« wird (Breyer 2015b: 256).

Wie zuvor bereits angedeutet, eignet sich zur genaueren Erläuterung einer filmphänomenologischen Empathie-Konzeption, die den Leib, die Verkörperung der Rezeption und die synästhetischen Eigenschaften ästhetischer Erfahrungen stärker in den Vordergrund rückt, unter anderem das heute im Zusammenhang mit der Filmerfahrung oft genannte Konzept der *somatischen* Empathie, einer leiblichen Resonanz auf sinnliche Eindrücke. Zu den somatisch-motorischen Reaktionen gehören Muskelspiele, Anspannungen, Entspannungen analog zu den Darbietungen der Figuren (etwa in Tanz und Slapstick) oder in Reaktion auf den formalästhetischen und atmosphärischen Charakter des Films, der mit der Montage, den Kameraeinstellungen, dem Musikeinsatz, den Dialogen, der Farbgebung etc. entsprechend variiert: Ein Actionfilm mit schnellen Schnitten erhöht unseren Herzschlag, lange Kameraeinstellungen beruhigen uns eher. Ein Film noir evoziert eine ganz andere Atmosphäre als eine farbige Komödie, ein Film mit sparsamen Musikeinsätzen transportiert eine andere Stimmung als ein Film mit orchestralen Kompositionen. Die Emotionen der Figuren, die Atmosphäre ihrer Erlebnisse werden von Schnitt, Kamera, Musik begleitet, unterstützt oder kontrastiert und so fort. Das heißt, das, was wir sehen, hören und erzählt bekommen, steht immer in einem Zusammenhang mit dem, wie es ausgedrückt wird, entweder durch die Schauspieler*innen oder durch die technischen Mittel des Films; das, was die Figuren erleben, ist nicht unabhängig von den sie begleitenden Ausdrucksmitteln zu verstehen. Unsere Wahrnehmung solcher Ausdrucksmittel ist in der Filmerfahrung ein zentrales Element. Christine Brinckmann schildert am Beispiel von Alfred Hitchcocks Film *Frenzy*, wie das, was wir sehen (zum Beispiel wie gewaltsam die Faust einer Leiche geöffnet wird, um ein belastendes Indiz zu entfernen), im Körper der Zuschauer*innen als innere Aktivität abgebildet wird (Brinckmann 1999: 116 f.). Solche leibliche Resonanz könne auch zu anderen sinnlich lebhaften Eindrücken führen: Zu den synästhetischen Effekten, bei denen ein Sinn durch einen anderen mit aktiviert wird, gehören zum Beispiel auch taktile Empfindungen: Die filmbildliche Repräsentation von »hartem Metall, staubig-sandigen Kartoffeln und grober Sackstruktur« stimuliere etwa den Tastsinn (ebd.). Solche verkörperten Erfahrungen seien ebenso bedeutungsvoll wie die imaginative Vergegenwärtigung mentaler Zustände.

Was wir über den filmischen Ausdruck in Bild, Ton und Schnitt als Zuschauerin erfahren, kann mit unserer Ausdruckswahrnehmung in der Wirklichkeit verglichen werden: Zwar fehlt der direkte zwischenleibliche Austausch, denn wir sehen nur Darsteller auf einer Leinwand, deren Darstellung uns zwar präsent erscheint, nicht aber präsent ist, sondern abwesend. Trotzdem kommt es uns so vor, als ob das, was wir sehen, gerade auch so geschehen würde – zumindest in der dargestellten Geschichte (Koch 2016). Dieser semi-illusorische Charakter von Film ist Voraussetzung dafür, dass wir uns auf das Geschehen emotional und kognitiv einlassen. Gerade die Lebhaftigkeit des Films sorgt aber auch dafür, dass uns der Ausdruck auf eine der wirklichen Begegnung ähnliche Weise adressiert oder sogar bestimmte Ausdruckswahrnehmungen durch die filmspezifische Technik noch verstärkt. Der Körper der Rezipientin, die auf das Leinwandgeschehen und das Kinodispositiv leiblich reagiert, verschafft der Zuschauersituation im Grunde eine Interaktionalität, die mit der realen Interaktion zu vergleichen ist: Wir spüren die Lebhaftigkeit des Films, so zum Beispiel Christiane Voss, an unserem eigenen Zuschauerleib (Voss 2013). Entgegen einer filmwissenschaftlichen Simulationstheorie wendet die Phänomenologie ein, dass wir sehr vieles, was die Charaktere eines Films erleben, schon auf der Ausdrucksebene wahrnehmen: Wir müssen und können uns nicht immer imaginativ in ihre Situation hineinversetzen, sondern nehmen auch fiktionale Figuren eines Films im Kontext ihres Narrativs und ihrer konkreten Situation wahr. Die kognitivistischen Filmtheorien richten den Fokus auf das »mindreading« und das »Hypothesieren« der Zuschauer*innen, die das Verhalten der Figuren voraussagen wollen. Hierin zeigt sich wieder der Unterschied im Hinblick auf die Funktion der Empathie: Geht es um eine Vorhersagefunktion oder um eine Erfahrungsfunktion? Stößt Empathie uns zu oder müssen wir uns aktiv engagieren? Geht es um das *Wie* einer Erfahrung oder um das *Was* oder das *Warum* einer Handlung?

Shaun Gallagher hat seinen eigenen interaktionistischen Ansatz inklusive des Konzepts der N-Imagination kürzlich auf die noch relativ wenig untersuchte Funktion der Empathie der Film- (oder Theater-)Schauspieler im Hinblick auf ihre eigene Rolle übertragen. Wir erinnern uns, dass Gallagher auch von niedrigstufigeren und höherstufigeren Empathieprozessen ausgeht, dass die basale Form ihm zufolge eher resonanzartig, die höhere Form aktiv ist. Bezogen auf die Schauspieler/Rolle-Konstellation nimmt Gallagher (der dazu einen Aufsatz mit seiner Tochter Julia Gallagher, die selbst Schauspielerin ist, geschrieben hat) an, dass sich die Entwicklung umkehrt: Beim Einüben einer Rolle durchlaufe die Schauspielerin zunächst den anspruchsvolleren Prozess der N-Imagination. Dies vermittelt ihr ein kontextualisiertes Verständnis des Charakters. Während der Darstellung dann werde das Verstehen in einen basaleren empathischen Prozess integriert (Gallagher/Gallagher 2019).

Kritik

Einige der Kritikpunkte zu einem produktiven Verhältnis von Empathie und Ästhetik sind bereits in diesem Kapitel angeklungen. So wird von einigen Kritikern die Rolle der Empathie in unserem Umgang mit Kunst im Allgemeinen oder mit fiktionalen Narrativen im Besonderen bezweifelt. Wie gezeigt, hängt das aber wieder davon ab, wie wir Empathie definieren, ob als gefühlsisomorphe Form der Ansteckung bzw. distanzlosen Identifikation oder als kognitiven Nachvollzug der Erfahrungen und Perspektiven der fiktionalen Figur. Ferner wird auch die These kritisch diskutiert, welchen epistemischen und ethischen Wert Empathie mit fiktionalen Charakteren hat. So bestehen etwa Zweifel dahingehend, ob wir über Empathie und über imaginative Perspektiveneinnahme mit fiktionalen Charakteren und/oder Erzählern einer Fiktion etwas Neues kennenlernen, das wir zudem noch in unsere wirkliche Welt übernehmen können. Wieso sollte Empathie notwendig dazu führen, dass wir zu epistemisch und moralisch transformierten Menschen werden, die ihre Allgemeinplätze, wie Rorty meint, überwinden? Wer oder was garantiert, dass wir a) nicht doch nur uns selbst in den Anderen projizieren und, wenn überhaupt, nur einen neuen Aspekt über uns selbst kennenlernen, anstatt uns den Anderen in seiner Alterität zu vergegenwärtigen? Wir haben mit Verweis auf Peter Goldie in Kapitel III.4 gezeigt, dass wir aus ontologischen und psychologischen Gründen nie alles über eine andere Person und auch nicht über eine fiktionale Figur und deren subjektive Perspektive wissen können. Und wir haben zu Beginn in der Einleitung mit Blick auf das Konzept der Perspektive auch gezeigt, dass es keine neutrale Sicht auf die Welt gibt: Wie können wir uns aus unserer eigenen subjektiven Perspektive lösen bzw. wie können wir den Blick der Anderen einnehmen? Dies ist eine ontologische, eine epistemologische, aber auch eine ästhetisch-praktische Frage, die hier noch nicht beantwortet wurde und auch nicht beantwortet werden kann. Ein Forschungsdesiderat besteht sicher darin, genauer zu untersuchen, wie der Prozess einer möglichen perspektiven Transformation via Fiktion zu beschreiben und zu begründen ist. Und schließlich stellt sich auch b) die Frage, was verhindert, dass wir *falsche* neue Perspektiven einnehmen, zum Beispiel Perspektiven, die moralisch und politisch problematisch sind und uns zu »schlechten« statt wertvollen Erkenntnissen führen. Debatten haben sich etwa an Jonathan Littells Roman *Die Wohlgesinnten* entzündet, der aus der Perspektive des fiktiven SS-Obersturmführers Max Aue geschrieben ist. Neben Kritik am Stil oder der historischen Plausibilität des Romans wurde diskutiert, ob es sinnvoll und wünschenswert ist, in die »Haut« eines solch schäbigen Protagonisten zu schlüpfen und dadurch dessen Weltwahrnehmung zu verstehen und zu teilen, kurzum: mit ihm empathisch zu sein. Ein anderes, aktuelles Beispiel ist die US-Fernsehserie *Breaking Bad* (2008–2013) mit ihrer ambivalenten Hauptfigur Walter White, dem Chemiker, der Crystal Meth herstellt, dabei immer mehr auf Abwege gerät und die Zuschauer*innen vor die empathisch-sympathetische Herausforderung stellt, ob man dieser Figur noch weiter folgen soll oder nicht (Schmetkamp 2016). Dies sind Fragen, die eine weitere ästhetische Debatte betreffen, nämlich jene zwischen Ästhetizisten und Ethizisten. Ästhetizisten vertreten, grob gesagt, die These, dass ein Kunstwerk autonom ist und daher unabhängig von seiner ethischen Aussage oder Wirkung von ästhetischem Wert sein kann. Ethizisten sehen den ästhetischen Wert dagegen von dem ethischen abhängig, so dass ein moralisch fragwürdiges Werk auch in seinem ästhetischen Wert sinkt (Misselhorn 2014). Es dürfte auf der Hand liegen, dass entsprechend auch jeweils unterschiedlich über die Bedeutung der Empathie in diesem Setting geurteilt wird. Aber auch hier kommt es wieder entscheidend darauf an, welches Konzept von Empathie zugrunde gelegt wird.

IV.3 Künstliche Intelligenz verstehen – und mit Robotern mitfühlen?

Das Thema empathischer Roboter oder Empathie gegenüber Robotern ist ein noch wenig erforschtes Gebiet. Dabei ist die Vorstellung, dass wir mit verschiedenen Formen Künstlicher Intelligenz zusammenleben und -arbeiten, mit ihnen kooperieren und auskommen müssen, längst nicht mehr nur Science-Fiction. Neben der Zunahme von digitalen Programmen und virtuellen Assistenten, mit denen wir kommunizieren, werden Industrie, Verkehr, Medizin und Pflege in den kommenden Jahren vermehrt auf intelligente Maschinen zurückgreifen. Für die Frage nach der Empathie im Mensch-Maschine-Verhältnis sind vor allem humanoide Roboter und deren Einsatz zum Beispiel in Pflegesystemen virulent: Wie in der *World Robot Declaration* 2004 in Japan erklärt wurde, seien die nächsten Generationen von Robotern als Partner zu verstehen, die mit uns Menschen ko-existieren. Sie assistierten Menschen physisch und psychologisch und trügen auf diese Weise zur Verwirklichung einer sicheren und friedlichen Gesellschaft bei.

Seit einigen Jahren werden zum Beispiel Roboterassistenten entwickelt, die im Haushalt und insbesondere in der Pflege eingesetzt werden sollen. Grund dafür ist der schon bestehende und wachsende Pflegenotstand. Unterstützt werden sollen menschliche Pflegende in Krankenhäusern, Heimen und ambulanten Diensten unter anderem durch humanoide Roboter. Solche Roboter sind in der Lage, sich dynamisch in ihrer Umwelt zu bewegen und zu interagieren. Sie können basale Handlungen vollziehen, etwa Getränke und Medikamente liefern, oder einfache Reinigungsarbeiten durchführen. Der in Deutschland produzierte *Care-O-Bot* beispielsweise hat als Kopf einen drehbaren Touchscreen, mit dem die Menschen interagieren und kommunizieren können. Er kann Puls und Blutdruck überwachen und im Notfall einen Arzt verständigen. Wie sollen und können wir angesichts dieser Entwicklungen das zukünftige Verhältnis zwischen Menschen und Robotern denken? Neben den Pflegerobotern stehen auch autonom fahrende Autos, Militärroboter sowie andere Formen Künstlicher Intelligenz für einen Paradigmenwechsel in Alltag, Industrie und Wissenschaft, der eine Reihe philosophischer und insbesondere ethischer Fragen mit sich bringt: Wann können wir von Intelligenz sprechen, wann von Bewusstsein, von Autonomie, von Verantwortung? Welche Rechte und Pflichten haben Künstliche Intelligenzen? Wie sollte ein Roboter beschaffen sein, der uns im Alter pflegt, wäscht, sich mit uns unterhält? Und wie sollten, umgekehrt, wir uns ihm gegenüber verhalten?

Hinsichtlich Empathie stellen sich hier zwei zentrale Fragen: erstens, inwieweit Künstliche Intelligenzen wie etwa pflegende, humanoide Roboter selbst empathisch sein können oder sollten. Und zweitens, inwieweit wir mit ihnen empathisieren können oder sollten. Wie in den vorangegangenen Kapiteln zu den verschiedenen Theorien sowie zu den Objekten der Empathie deutlich geworden sein sollte, braucht es für das empathische Interagieren mindestens zwei Voraussetzungen: zum einen ein bewusstseinsfähiges Wesen, das andere Subjekte als ebenfalls bewusstseinsfähige Wesen anerkennt oder sie sich zumindest als solche vorstellt, und zum anderen reale oder imaginierte mentale Prozesse bzw. Perspektiven, die sich bewusstseinsfähige Wesen direkt oder indirekt vergegenwärtigen können. Ein empathischer Mensch lässt sich idealiter mit einer kontextsensiblen Wahrnehmung auf Situationen Anderer ein und kann sie auf dieser Grundlage besser verstehen, ihre Erfahrungen nachvollziehen und damit seine Perspektiven erweitern. Viele versetzt daher die Vorstellung, im Alter oder bei Krankheit von humanoiden Robotern gepflegt zu werden, in Furcht, und zwar nicht zuletzt deshalb, weil sie damit eine kühle Rationalisierung verbinden, der jede »Menschlichkeit« im Sinne eines mitfühlenden Miteinanders abhandenzukommen droht. Empathie, Mitgefühle, Zärtlichkeit, Verständnis gehören zu den Bedingungen eines guten Lebens – ist eine Maschine dazu in der Lage? Wie Studien gezeigt haben, hängen Form und Erfolg der Menschen-Maschine-Interaktion (kurz: MMI) tatsächlich stark davon ab, ob die betreffenden Roboter menschenähnliche Eigenschaften haben oder zeigen; genauer, ob sie beispielsweise Gefühle ausdrücken, mit Menschen interagieren und mehr oder weniger autonome Entscheidungen treffen können. Heutige Pflegeroboter können beispielsweise Gesichter erkennen, den Blicken der Menschen folgen und sie mit Blicken adressieren. Noch gelten sie aber eher als Assistenten der menschlichen Pflegearbeiter denn als eigenständig Pflegende.

Die vom Hongkonger Unternehmen Hanson Robotics entwickelte Androide *Sophia* »beherrscht« etwa sechzig verschiedene Gefühlsausdrücke, sie kann kommunizieren und besitzt offenbar sogar so etwas wie Humor und Ironie. Humanoide Roboter *haben* aber kein Bewusstsein im anspruchsvollen Sinne subjektiver Erfahrung und Reflexion und sie besitzen auch (noch) keinen Humor oder Emotionen im vollen Sinne so wenig wie phänomenales Erleben oder intuitives Reagieren. Es gibt aber Ansätze, die ihnen mentale Prozesse *analog* zu jenen des Menschen zuschreiben und die von einer rudimentären Form von Bewusstsein sprechen. Nun haben wir aber in den vorangegangenen Kapiteln gezeigt, dass es auch im Mensch-Mensch-Verhältnis ungeklärt ist, auf welche Weise wir wechselseitig mentale Prozesse, Handlungen und Perspektiven anderer Personen verstehen. Vertreter*innen einer Theorie des Geistes gehen, wie in Kapitel III.2 erläutert, davon aus, dass uns der Geist anderer Lebewesen verschlossen bleibt und wir entweder nur anhand einer allgemeinen Theorie (TT) oder via Simulation und Projektion (ST) von uns selbst auf Andere schließen können. Nähme man diese Theorien als Grundlage, so wäre durchaus zu argumentieren, dass humanoide Roboter zum Beispiel darauf programmiert werden können, alltagspsychologische Muster anzuwenden, um das Verhalten der Menschen einzuschätzen. Umgekehrt könnten wir bis zu einem gewissen Grad eine Theorie auf das Verhalten der Roboter applizieren oder gar deren »Perspektive« simulieren. Dies könnte die epistemische Funktion haben, auch in der MMI verstehen und vorhersagen zu können, was die Roboter vorhaben. Das ist sicherlich dann von Belang, wenn es etwa um die Verabreichung von Medikamenten geht. Die Theorie der direkten Wahrnehmung geht indes davon aus, so haben wir gezeigt, dass im Ausdruck Anderer deren Gefühle implizit mitgegeben sind (und nicht erst erschlossen werden müssen) und dass sich diese in der direkten Begegnung kontextual und – entsprechend der Hypothese der narrativen Praktiken – narrativ nachvollziehen lassen. Auch betonen phänomenologische Theorien im Unterschied zu kognitivistischen Theorien im Hinblick auf Emotionen, dass diese nicht nur eine Überzeugung oder ein Urteil darüber enthalten, dass etwas der Fall ist (zum Beispiel, dass ein Löwe bedrohlich ist). Vielmehr komme es für das Haben von Emotionen auch darauf an, dass sich diese im Körper irgendwie anfühlen. Für eine Übertragung auf die MMI scheinen phänomenologische Theorien daher auf den ersten Blick weniger gut zu funktionieren als kognitivistische Modelle. Tatsächlich stecken hinter den Mimiken und Gesten der humanoiden Roboter ja nicht wirklich Gefühle und Erfahrungen, die sich uns expressiv und kontextual, noch dazu über den *Leib* und dessen Einbettung in die Umwelt vermitteln würden. Auch wäre es kontraintuitiv zu sagen, wir wollten erfahren, *wie* Roboter die Welt erfahren. Eine *subjektive Erfahrung* im anspruchsvollen Sinne und eine *zwischenleibliche Interaktion*, wie sie die Phänomenologie entwirft, liegt hier nicht im eigentlichen Sinne vor. Ein anderes Hindernis nennt man das Phänomen des »uncanny valley«, auf das der Roboterforscher Masahiro Mori in den 1970er Jahren gestoßen ist: Die Roboter müssen zwar bis zu einem gewissen Grad menschlich aussehen, damit eine Beziehung zu den Menschen hergestellt werden kann. Wenn sie aber zu ähnlich sind, erscheint uns das offenbar unheimlich, und wir wenden uns ab (Misselhorn 2009). Den Grund dafür sehen einige darin, dass besonders menschenähnliche Roboter, die uns zugleich als Roboter bewusst sind, unsere Angst vor dem Tod und dessen Unausweichlichkeit wachrufen (MacDorman 2005). Die Technikphilosophin Catrin Misselhorn erklärt das Phänomen mit bestimmten ästhetischen Eigenschaften der Roboter (Misselhorn 2009). Ästhetische Präferenzen, die evolutionsbiologisch das Verhalten der Menschen mitbestimmten, würden auch die MMI beeinflussen.

Bezogen auf die bisher vorgestellten Theorien der Empathie stellt sich die Frage, wie diese nun auf die MMI übertragen werden können. Zum Beispiel greift ja die Bedingung nicht, dass auf Seiten des empathisierten Subjekts ein Gefühl vorliegen *muss*. Die Theorien der leiblichen Resonanz und der direkten Wahrnehmung des Ausdrucks wären indes anwendbar, ohne dass wir damit zugleich glauben müssen, dass der Andere diese ausgedrückte Emotion wirklich hat. Misselhorn schlägt vor, dass wir uns vorstellen, Emotionen wahrzunehmen (Misselhorn 2009: 351).

Diese Idee ist an sich nicht neu: Wir können schließlich, wie wir zuvor gesehen haben, empathisch auf fiktionale Charaktere in Film, Literatur, Musik, Kunst reagieren, und zwar auch, indem wir hierzu unsere Vorstellung einsetzen. Diese *haben* auch keine Gefühle, sondern repräsentieren sie oder drücken sie aus, und wir stellen uns vor, wie es wäre, die Welt so oder so zu sehen (vgl. Kap. IV.2). Wir haben nicht die *Überzeugung*, dass sie Gefühle haben. Das Ganze findet aber in einem semi-illusionären, imaginativen Rahmen statt. Gerade filmische fiktionale Charaktere bieten sich für einen Vergleich an, da hier gleichermaßen eine audiovisuelle *Wahrnehmung* von Expressionen vorliegt, auch wenn diese Expressionen zum Spiel der Schauspielerinnen und deren Rollen gehören. Auch in Bezug auf unbelebte Objekte wie Roboter müssen wir nicht *glauben*, was wir wahrnehmen, d.h., wir müssen nicht notwendig davon überzeugt sein, dass etwa hinter der Mimik und den humorvollen Bemerkungen von Sophia echte Gefühle oder Erfahrungen stecken. Wir geben auch nicht nur vor, dass der Roboter ein Mensch sei. Aber wir nehmen die Aktionen und Reaktionen der humanoiden Roboter mithilfe unserer Imagination als menschlich wahr. Im Falle der Ausdruckskraft des Films, so haben wir in der kurzen Darstellung der Filmphänomenologie gezeigt, scheint auch eine Semi-Zwischenleiblichkeit zu entstehen, die der realen Begegnung zumindest mit Blick auf ihre Ausdruckskraft und ihre leiblichen Resonanz in der Zuschauerrezeption ähnlich ist.

Ebenso wie bei den fiktionalen Charakteren kommt auch bei Robotern der Vorstellungskraft eine entscheidende Rolle zu. Zwar erfassen wir die mentalen Zustände Anderer sehr häufig in der direkten Interaktion und der Wahrnehmung der kontextualen Expression, aber oft sind uns Andere nicht intersubjektiv gegenwärtig, sondern werden uns über Narrative durch reale oder fiktive Dritte vermittelt. Für unseren Umgang mit Künstlicher Intelligenz ist unsere Imagination in ähnlicher Weise gefordert: Wenn mich ein Roboter im Alter pflegt, kann ich diese Pflege als *echter* und damit als auch vertrauensvoller und vertrauenerweckender erfahren, wenn ich mir *vorstelle*, dass der Roboter Gefühle der Sorge und des Wohlwollens hat. Auf dieser Grundlage kann sich vielleicht auch eine *Beziehung* zwischen dem menschlichen Patienten und dem künstlichen Akteur entwickeln, die für den Menschen von Wert ist.

Und was ist, wenn Künstliche Intelligenzen sich in einer Weise weiterentwickeln, dass ihnen eigene kognitive, emotive und erfahrungsbezogene Prozesse zugeschrieben werden können, die sich zwar von denen des Menschen unterscheiden, aber dennoch oder gerade in ihrer Verschiedenheit eigene Perspektiven implizieren, die wir nachzuvollziehen versuchen können? Im Bereich des *Deep Learning* lässt sich durchaus vorstellen, dass wir schon jetzt oder wenigstens in der Zukunft von einer eigenen Perspektive sprechen können (das hängt davon ab, wie anspruchsvoll wir Perspektive definieren, vgl. Kap. I.3). Im Hinblick darauf, dass diese Systeme auf Wegen zu Lösungen kommen, die sich von denen des menschlichen Denkens unterscheiden, ließe sich durchaus von einer eigenen perzeptiven, kognitiven und evaluativen Sichtweise sprechen (Kasparov 2017). Eine ganz andere, *ethische* Frage lautet: Wie sähe eine Welt aus, in der wir menschenähnlichen Robotern nicht mit Empathie und Mitgefühl begegnen, sondern sie nur instrumentell zur Befriedigung unserer Bedürfnisse benutzen?

In der US-amerikanischen TV-Serie *Westworld* (seit 2016) werden Androide zu einer Art Spielfiguren in für Menschen bespielten Narrativen: Die Serie, kreiert von Jonathan Nolan, spielt in einer nicht allzu fernen Zukunft und erzählt von einem Vergnügungspark im klassischen Westernstil, in dem die menschlichen Besucher in der Interaktion mit den Robotern Cowboy spielen oder Saloon-Luft inklusive Sexangeboten schnuppern können. Die humanoiden Roboter sind kaum von den echten Menschen zu unterscheiden. Sie können im jeweiligen Narrativ jedoch getötet werden, während die realen Menschen nicht verletzt werden können. Die Roboter werden jeweils reaktiviert und spielen das für sie von Menschen hinter den Kulissen entwickelte Narrativ Tag für Tag erneut durch. Der Plot der Serie besteht hauptsächlich darin, dass die Roboter eine Art Bewusstsein mit Erinnerung, Gefühlen und Imaginationen entwickeln.

Auch wenn dieser Entwurf eine Dystopie ist, stellt sich angesichts der rasanten Entwicklungen von Künstlicher Intelligenz und deren zunehmender Nutzung die Frage, welchen Status, welche Rechte und Pflichten KI hat und ob sie mit zunehmender Intelligenz auch einen menschenähnlichen moralischen Status zugesprochen bekommen sollte. Dazu könnte dann auch gehören, dass man ihre Autonomie achtet – von der schon heute in rudimentärer Form gesprochen wird (Misselhorn 2018) – oder dass man sie als sozialen Partner anerkennt. Die Serie wirft neben den Fragen nach den Bedingungen von Intelligenz und Bewusstsein auch die Frage auf, ob Menschen in virtuellen Welten, in denen sie keine direkten Konsequenzen fürchten müssen, ihre Fantasien sollen ausleben dürfen. In der virtuellen Western-Spielwelt können die Menschen grausam, sadistisch, demütigend sein. Gegen ein solches Gesellschaftsszenario mit nicht nur mangelnder Empathie, sondern auch mit fehlendem Mitleid und Respekt ließe sich ein Anti-Barbarisierungsargument vorbringen, das wir im Zusammenhang mit unseren (indirekten) Pflichten gegenüber Tieren schon bei Kant finden: Immanuel Kant argumentiert in der Tugendlehre seiner *Metaphysik der Sitten* gegen eine Grausamkeit gegenüber Tieren; aber nicht mit der Begründung, dass Tiere ebenfalls einen moralischen Status besäßen. Menschen sind Tieren nach Kant wegen ihrer Vernunftfähigkeit überlegen, und der Mensch schuldet den Tieren *direkt* nichts. Kants Argument ist vielmehr ein indirektes und tugendethisches: Wenn Menschen sich Tieren gegenüber grausam verhalten, so üben sie auf Dauer ein bestimmtes Verhalten ein, das sich letztlich auch auf den zwischenmenschlichen Bereich auswirkt. Anders gesagt: Wer kein Mitgefühl gegenüber Tieren (ein-)übt, der verliert, so die These, früher oder später auch sein Mitgefühl gegenüber seinen Mitmenschen. Ob dieses Argument der Barbarisierung oder habituellen Verrohung tatsächlich überzeugen kann, ist umstritten. Wir sehen auch hier, dass das damit zu tun hat, wie wir Empathie verstehen, ob als isomorphes Einfühlen, als kognitives Nachfühlen oder als ethisch aufgeladenes Mitfühlen. Empathie mit Robotern und anderen Formen Künstlicher Intelligenz ist eines der großen Forschungsdesiderate der Zukunft.

IV.4 Was Empathie mit Moral zu tun haben könnte

Wie eingangs dargestellt, unterscheiden einige Gegenwartstheoretiker*innen zwischen kognitiver und affektiver Empathie. Im Hinblick auf die kognitive Empathie ist das Konzept empathischer Exaktheit (»empathic accuracy«) zentral, das schon begrifflich auf andere Funktionen als die intersubjektive, affektive Empathie verweist: Als kognitives Phänomen wird Empathie hier als der intellektuelle und imaginative Nachvollzug geistiger Prozesse anderer Personen definiert und eher mit der funktionalen Fähigkeit verbunden, den Zustand Anderer, ihre Haltungen und Wertungen oder ihre Persönlichkeitsmerkmale zu erschließen, um darüber Kenntnisse zu erlangen, welche davon für das eigene Handeln wichtig sind.

Einflussreicher für die gesamte Debatte sind aber die Ansätze zur *affektiven* Empathie, also jene, die die Empathisierenden nicht als unbeteiligte Beobachter, sondern als Teilnehmende, welche selbst emotional betroffen sind, definieren. In der Simulationstheorie, so haben wir gesehen, ist die emotionale Involviertheit eine notwendige Bedingung für Empathie. In der Phänomenologie wird sie zumindest nicht ausgeschlossen, wenngleich auch nicht als notwendig betrachtet.

Viele verstehen Empathie als Vorbedingung der Moral. Hier spielt eben jene affektive Empathie eine entscheidende Rolle in der Debatte. Eine Grundannahme lautet, dass wir jenen Personen, mit denen wir emotional empathisieren, auch Gutes wünschen: Wir wollen zugleich deren Erfolg bzw. ihr Wohlbefinden (Roughley/Schramme 2018). Aber die Verbindung zwischen affektiver Empathie und Moral in Form des Sorgens und Kümmerns um den Anderen ist umstritten. Gehen einige davon aus, dass Empathie notwendig zu prosozialem Verhalten bzw. zur Moralität führt (Hoffman 2000), so nehmen andere an, dass das Verstehen allein noch nicht hinreichend für Altruismus, für eine moralische Motivation oder Handlung ist, sondern auch zum Gegenteil, zu unmoralischem Verhalten führen kann (Breithaupt 2017). Wir können außerdem auch mit unmoralischen Charakteren oder Personen empathisieren, wenn wir Empathie nicht schon als moralische Überein- und Zustimmung, sondern als ein in moralischer Hinsicht neutrales Verstehen der Gefühle und Werte Anderer begreifen (Schmetkamp 2016). Wichtig an dieser Stelle ist, sich noch einmal den Unterschied zwischen Empathie und Sympathie vor Augen zu führen: Anders als noch zu Zeiten von David Hume und Adam Smith, die nur den Begriff der *sympathy* für verschiedene Prozesse des Ein- und Mitfühlens verwendeten, unterstrich schon kurze Zeit später die Phänomenologie, dass zwischen Einfühlung (Empathie) und Formen des Mitgefühls (Sympathie) begrifflich und phänomenal zu unterscheiden sei. Eine Empathie-Theorie ist nicht das Gleiche wie eine Mitleidsethik, wie sie zum Beispiel vor allem von Schopenhauer gegen eine Kantische Vernunftmoral vorgebracht wurde: Nach Schopenhauer reicht das seltsam »selbstgewirkte Gefühl der Achtung«, wie es bei Kant heißt, nicht als moralische Triebkraft aus. Es brauche das Mitgefühl mit dem Leiden der Anderen, das uns erst zur Reflexion führe und dann normative Kraft für moralisches Verhalten entfalte.

Unabhängig aber von der Begriffsverwendung – ob wir hierbei also von empathischem oder sympathetischem Mitfühlen sprechen wollen – liegt folgender Einwand nahe: Wenn ich affektiv mitleide, empfinde ich eine negative, vielleicht sogar sehr schmerzhafte Emotion. Diese Erfahrung kann mich genauso gut auch zur Abwendung vom Anderen motivieren, weil ich sie als zu stressig oder belastend empfinde. In der Debatte spricht man hier von »personal distress«, einem persönlichen Unwohlsein oder einer emotionalen Belastung (vgl. Batson et al. 1987; Keysers 2011: 247). Oder wir könnten dem Anderen nur deshalb helfen wollen, um unser eigenes negatives Gefühl in ein positives transformieren zu können, sobald es dem Anderen besser geht. Beide Reaktionen – Abwendung oder Hilfe – haben aber dann keinen genuin moralischen Charakter, sondern sind in erster Linie selbstbezogen, denn es geht dabei ja um das eigene Gefühl, das modifiziert werden soll. Der moralische Output (das Wohlbefinden der anderen Person) ist sozusagen nur ein *side effect*. Wieder andere argumentieren, dass Akteure auch unabhängig von einem Mitfühlen moralisch handeln, und haben damit quasi die Kant- gegen die Schopenhauerkarte ausgespielt. Jesse Prinz unterscheidet drei Hinsichten, in denen das Verhältnis von Empathie zur Moral befragt werden kann: Zum einen kann man fragen, ob Empathie notwendig ist für moralisches *Urteilen*; zum zweiten, ob sie notwendig ist für unsere moralische *Entwicklung*; und zum dritten, ob sie notwendig ist, um moralisches *Verhalten* zu motivieren (Prinz 2011). Alle drei Fragen beantwortet er mit »nein«. Was er indes annimmt, ist, dass Empathie eine moralische Tugend sein könnte und dass es zu einem tugendhaften Charakter dazugehört, auch empathisch zu sein. Dennoch könne auch jemand ohne Empathie moralisch urteilen, moralische Werte entwickeln und sich moralisch verhalten. Prinz' Punkte und Gegenargumente sollen hier kurz zusammengefasst werden: Man könnte zum Beispiel die These vertreten, dass wir erst über empathisches Mitfühlen zu einem informierten Urteil gelangen, dass es falsch ist, Andere zu schlagen. Zu diesem Urteil kämen wir, indem wir negativ mitfühlen mit einer Person, die geschlagen wird. Empathie würde dadurch zu einer Vorbedingung, um ein moralisches Urteil darüber fällen zu können, was gut oder schlecht ist.

Eines von Prinz' Gegenargumenten lautet, dass wir aber auch über rationale Einsicht, wie sie etwa die Deontologie zugrunde legt, zu einem moralischen Urteil kommen könnten. Obwohl wir zum Beispiel mit fünf Leidenden sehr mitfühlten, könnten wir die Maxime vertreten, dass dennoch nicht ein Leben gegen fünf abgewogen werden dürfe. Auch könnten wir viele Situationen nach moralischen Prinzipien beurteilen, ohne jedes Mal in die Haut der Betroffenen schlüpfen zu müssen. Der zweite Aspekt betrifft die Frage, ob wir uns überhaupt erst einmal moralisch entwickeln müssen, um moralische Urteile zu fällen; und dafür könnte dann Empathie notwendig sein, wie es etwa der Entwicklungspsychologe Martin L. Hoffman in seinem viel beachteten Buch *Empathy and Moral Development* beschreibt (Hoffman 2000). Die Idee ist, dass Moral ein System ist, das unser Verhalten gegenüber Anderen reguliert, und dass wir eine Sorge um das Wohlbefinden Anderer entwickeln, indem wir mit ihnen empathisieren. Hier spielt die epistemische Funktion der Empathie eine entscheidende Rolle: Denn dadurch, dass wir die Folgen unserer Handlungen gegenüber Anderen aus deren Perspektive erkennen, begreifen wir auch, wenn diese Handlungen falsch sind bzw. dem Anderen schaden. Diese Erkenntnis würde unsere weitere Gewalt gegenüber diesen Personen unterbinden. Psychopathen gehe genau diese Fähigkeit ab, so lautet eine gängige These nach Studien über Psychopathen. Sie empfänden nicht die persönliche Belastung, die sich normalerweise einstelle, wenn jemand eine Person in Not beobachtet, und die dann zu jener Gewalthemmung führe (»violence inhibition mechanism«). Prinz hält diese Schlussfolgerungen für zu kurz gegriffen. Es sei unter anderem nicht klar, ob es einen solchen Gewalthemmungsmechanismus *de facto* überhaupt gebe. Mit Fritz Breithaupt (2017) könnte man hier hinzufügen, dass gerade Psychopathen Empathie einsetzen, um ihre Ziele zu erreichen, und dass sie in diesen Fällen gerade ein Weg ist, sich unmoralisch zu entwickeln und zu verhalten. Der letzte Punkt betrifft unsere moralische Motivation, welche über Empathie gesteigert werden könne: Wenn wir durch den empathischen Nachvollzug der Gefühle Anderer zu dem moralischen Urteil kommen, dass es schlecht ist, ihnen zu schaden, so fühlen wir uns auch motiviert, entsprechend zu handeln. Wie Prinz aber zuvor gezeigt haben will, können wir schon moralische Urteile fällen, ohne Empathie zu empfinden. Wir könnten etwa Stehlen als moralisch falsch beurteilen; dieses Urteil würde uns davon abhalten zu stehlen. Dieser Prozess habe nichts mit Empathie zu tun. In Prinz' Argumentation hängt wieder viel davon ab, ob wir von kognitiver oder affektiver Empathie, von einem nachvollziehenden oder gleichfühlenden Prozess sprechen.

Jüngst hat die Philosophin Monika Betzler einen interessanten Ansatz zur Klärung des Verhältnisses zwischen Empathie und Moral vorgeschlagen, welcher der Empathie ähnlich wie die Interaktionstheorien eine interpersonale Dynamik zuschreibt und diese auf originelle Weise mit der moralischen Normativität von Beziehungen in Verbindung bringt (Betzler 2019). Ihre Ausgangsfrage lautet, wofür Empathie überhaupt gut sein sollte, und zwar nicht im Sinne eines funktionalen, strategischen Gutes, sondern eines moralischen. Um diese Frage zu beantworten, untersucht sie die Bedingungen, die gegeben sein müssen, damit Empathie zwischen zwei oder mehreren Personen entsteht und andauert (Betzler 2019: 5). Der Unterschied zu den Standardtheorien, wie sie vor allem aus den Reihen der Simulationisten kommen, besteht darin, dass Empathie hier nicht nur als ein intrapersonales, epistemologisches Erfolgskonzept verstanden wird – also im Hinblick darauf, ob die empathisierende Person die Situation eines Anderen richtig versteht oder nicht. Gegenüber dieser Lesart bemisst sich das Gelingen der Empathie nach dem interpersonellen Ansatz daran, inwieweit die empathisierende Person sich *interaktiv* auf die *Erzählungen* der anderen Person einlässt (das »telling«, wie es bei Betzler heißt, 2019: 5) und empathisch *aufmerksam* ist. Betzlers Ansatz kann damit nicht nur in die Nähe der heutigen phänomenologischen Interaktionstheorien gerückt werden, sondern auch als ein dialogischer Entwurf gesehen werden, wie wir ihn auch in der pragmatistischen Sozialphilosophie George Herbert Meads, im Anschluss an ihn in verschiedenen Anerkennungstheorien oder in dialogischen Modellen finden können (Breyer 2015b; Krebs 2015).

Die Normativität – und das ist das Originelle an Betzlers Ansatz – kommt nun genau dadurch ins Spiel, dass die Interaktionspartner wechselseitig Ansprüche auf (angemessene oder richtige) Empathie stellen und aufgrund der grundlegenden Normativität ihrer Beziehung sogar stellen dürfen: Enge Freundinnen stellen demnach berechtigterweise gegenseitig die Forderung, dass sie sich jeweils empathisch ineinander einfühlen (Betzler 2019: 7). Die empathische Anspruchsstruktur stärke die Beziehungen oder schwäche sie bei Nicht-Erfüllung. Im Unterschied zu den phänomenologischen Theorien, die ja gerade nicht von der Gefühlsisomorphie ausgehen, legt Betzler die Affektübernahme als Bedingung der Empathie zugrunde; erst durch sie wüssten wir genau, so Betzler, wie und warum es der anderen Person in einer bestimmten Weise ergehe (Betzler 2019: 8). Es kommt aber noch ein Kriterium hinzu: Wir müssen nicht nur die Gefühle, sondern mit ihnen die evaluative Perspektive der anderen Person teilen und ihrem Urteil zustimmen. Meines Erachtens geht hierbei aber die Empathie schon in ein sympathetisches Teilen über (Schmetkamp 2016). Nach Betzler endet die Empathie genau dann, wenn wir in der empathisch-verstehenden Interaktion mit, zum Beispiel, einer engen Freundin, die traurig oder wegen einer anderen Person verletzt ist, zu einem anderen Urteil über das erlittene »Unrecht« kommen, das nach unserer Interpretation kein Unrecht ist. Nach Betzler liegt hier ein Nicht-Empathisieren vor, insofern nicht die Gefühle und nicht das damit einhergehende Urteil geteilt würden. Diese Bedingung ist aber nicht überzeugend: Wieso sollten wir nicht jemandes Situation hinreichend nachvollziehen und dann dennoch auf der Grundlage des nachvollzogenen Gefühlsnarrativs zu einem anderen Urteil über die Situation kommen können, zum Beispiel indem wir auch die Perspektive der dritten beteiligten Person in unser Urteil mit einbeziehen? Empathie, so ließe sich kritisch einwenden, ist nicht das Gleiche wie Anerkennung der oder Verständnis für die Gefühle der Anderen als angemessen oder gerechtfertigt. Zu einem anderen Urteil zu kommen impliziert nicht, dass wir damit das Urteil des Anderen nicht ernst nehmen. Um hier ein anderes moralisches Prinzip heranzuziehen, ist es genau das, was etwa Toleranz in pluralistischen Gesellschaften auszeichnet: Ablehnung bestimmter Ansichten bei gleichzeitiger Akzeptanz (Ernstnehmen und Achten) des Rechts der anderen Person, ihren eigenen Standpunkt zu haben (Forst 2003). Empathie in einem moralisch neutraleren Sinne eines Nachvollzugs könnte dann eine Voraussetzung für Toleranz sein. Die bei Betzler vorgestellte Empathie rückt dagegen näher an Anerkennung und Wertschätzung. Enge Beziehungen wie Freundschaften oder Liebesbeziehungen können sich normativ aber doch nicht nur dadurch auszeichnen, dass Übereinstimmung zwischen den Partnerinnen herrscht, sondern sollten auch die Möglichkeit der wechselseitigen Kritik einschließen. Genau das scheint aber nach dem harmonistischen Modell von Betzler nicht vorgesehen zu sein (Betzler 2019: 11). Dagegen wäre zu argumentieren, dass Empathie mehr mit einem Aufmerksamsein und einem konkreten Sich-Einlassen auf die Perspektive der anderen Person zu tun hat als mit geteilter Zu- und Übereinstimmung. Schon die gegenseitige Öffnung für die konkrete Perspektive des Anderen in Form einer allozentrischen statt egozentrischen Hinwendung, wie wir sie in Kap. II.4 als eigentlichen Empathie-Vorgang im Unterschied zum »in-his-shoes-imagining« diskutiert haben, kann in dieser Hinsicht als wertvolles, wenn nicht gar notwendiges normatives Kriterium von Nahbeziehungen formuliert werden: Die andere Person wird doch schon dann in ihrem Anspruch ernst genommen, wenn wir versuchen, ihre konkrete Perspektive nachzuvollziehen. Moralisches *Mitgefühl* ist, wie anhand der Theorien von Stein und Scheler gezeigt wurde, ein anderes Phänomen als Empathie. Es könnte zusätzlich durchaus ein normatives Kriterium von Beziehungen sein, dass Mitgefühl gezeigt wird und dass dieses mit einer moralischen Motivation verbunden ist, der anderen Person zu helfen (zum Beispiel durch Trost). Mitgefühl ist aber kein Fühlen *mit*, sondern ein Fühlen für oder über die andere Person: Es tut mir leid, dass sie traurig und verletzt ist, und das kann ich auch dann empfinden, wenn ich zu dem Urteil komme, dass ihre Trauer vielleicht unangemessen oder übertrieben ist. Ich muss ihre Trauer nicht teilen, um sie ernst zu nehmen, noch um die Person zu bedauern und an ihrem Umstand etwas ändern zu wollen. Mit anderen Worten: Die wechselseitige Bereitschaft zum Nachvollziehen der Perspektiven im empathischen Prozess scheint bereits von ethischem und konstitutivem Wert für eine Nahbeziehung zu sein und nicht erst die Affirmation der jeweiligen Urteile.

V. Ankommen

*Wir sind körperlich und geistig
für ein soziales Leben gemacht und
versinken in einen Zustand
hoffnungsloser Depression, wenn
es uns versagt bleibt.*
(Frans de Waal 2009: 22)

Ein Einführungsbuch zu Empathie lässt sich kaum richtig abschließen, denn zu vieles muss offenbleiben. Aber den Leser*innen sind ein paar Worte mit auf den Weg zu geben, die Anstoß geben sollen für weitere Forschungsfragen.

»Empathie« ist ein schillerndes Konzept, und es wird wohl kaum je Einigkeit herrschen, was es alles umfasst, ob es weit oder eng zu verstehen ist, ob es für einen kognitiven Nachvollzug oder einen affektiven Mitvollzug steht. Sicher ist, dass wir als Menschen die Fähigkeit haben, uns auf andere Menschen, Lebewesen, die Natur und die gesamte uns umgebende Umwelt einzulassen. Spätestens seit Aristoteles gilt der Mensch als *zoon politikon*, als *soziales* Wesen. Wir kommen als *abhängige* Wesen auf die Welt. Diese Abhängigkeit macht es allein schon notwendig, dass wir uns auf das, was uns umgibt, einrichten. Schrittweise gelangen wir zu Freiheit, Selbstbestimmung und Autonomie – aber nie ohne die Unterstützung Anderer. Freiheit, so könnte man mit Hegel und an ihn anschließende Anerkennungstheoretiker sagen, ist nicht nur eine »Freiheit von ...«, sondern auch eine »Freiheit, zu ...«. Empathie ist nicht nur eine Fähigkeit, anderer Lebewesen Zustände, Prozesse, Perspektiven in einer spezifischen Weise nachzuvollziehen und mitzuvollziehen. Sie ist auch ein Weg, die eigene Freiheit und die der Anderen, ihre Wünsche, Erfahrungen, Interessen zu erkennen und anzuerkennen und sich gegenseitig als zugleich unabhängige und abhängige, individuelle und gemeinschaftliche Wesen (besser) zu verstehen. Empathie wurde in dieser Einführung aus der Perspektive verschiedener Theorien vorgestellt. Als ein gemeinsamer Nenner der Ansätze hat sich dabei die Grundüberzeugung herauskristallisiert, dass Empathie eine Form der Teilhabe am Leben Anderer ist: in Form eines Teilens von Erfahrungen und/oder Gefühlen und/oder in Form der Übernahme der Perspektive Anderer. So oder so ist sie ein auf Andere bezogener Modus, der uns über unseren eigenen Horizont hinausträgt und das Miteinander, das Zusammenleben der Menschen, seien sie sich nah oder fern, prägt. Unsere Fähigkeit, mit Anderen mitzufühlen, die Welt durch ihre Brille zu betrachten und uns um Andere zu sorgen, sind elementar für unsere Entwicklung, unsere soziale Kognition, soziale Kooperation, für unser Fremd- und Selbstverständnis und wichtig, um uns als Menschen weiterzuentwickeln.

Das Buch hat einige der zentralen philosophischen und psychologischen Ansätze zur Erklärung und Definition dieser Fähigkeiten vorgestellt, Kritikpunkte für einzelne Theorien aufgezeigt, Inkohärenzen sowie Widersprüche, Reichweiten und Grenzen ermittelt. Eine definitive Entscheidung, welcher der Ansätze der richtige ist, wurde nicht getroffen, weil sie sich auch nicht treffen lässt. Wie eingangs gesagt, hängt der jeweilige Ansatz der Empathie entscheidend davon ab, welche Theorie von *Emotionen* jemand vertritt; und auch davon, welche Funktionen und Leistungen mit der Empathie verbunden werden: ob sie als Grundlage der Kooperation für ein soziales Zusammenleben betrachtet wird, ob als strategisches Instrument in politischen, wirtschaftlichen Verhandlungen, ob als essenzieller Bestandteil der phänomenologischen Erfahrung Anderer als Subjekte oder ob gar als Grundlage der Moral. Es dürfte aber deutlich geworden sein, dass die Autorin phänomenologischen und narrativistischen Theorien viel Sympathie entgegenbringt, dabei jedoch auch der Imagination eine wichtige Rolle zuschreibt. Einen Schwerpunkt bildeten entsprechend das Verhältnis von Empathie und Ästhetik und die Bedeutung der Imagination in unserem Umgang mit Fiktionen und fiktionalen Charakteren. Was in diesem Buch nur angedeutet werden konnte, ist die moralphilosophische Frage, ob und wie wir als empathische Menschen auch moralisch bessere Menschen sind. Hierzu wie zum Komplex Ästhetik und Empathie wäre wohl fast eine eigene Einführung notwendig.

Zum Schluss sind zwei Punkte hervorzuheben. Der erste betrifft die *Reichweite* der Empathie. Wir haben gesehen, dass wir über Empathie Kenntnisse erlangen können, ein Wissen von »fremden Ichen«. Wir haben herausgearbeitet, dass das eher ein »Wissen, wie ...« als ein »Wissen, dass ...« ist und dass dieses Wissen unsere Erfahrungen von Anderen und uns selbst bereichert. Je nach Möglichkeiten und Weisen der Perspektiveneinnahme lernen wir vielleicht mehr über uns selbst, manchmal mehr über den konkreten Anderen. Die Reichweite der Empathie geht aber sicher noch über ihre epistemische und hermeneutische Funktion hinaus: Obwohl Empathie nicht direkt als eigentliches moralisches Gefühl (anders als das Mitleid) vorgestellt wurde, ist sie doch auch von ethischer Bedeutung. Ein Blick auf unsere alltagssprachliche Intuition hilft hier: Wir verstehen unter einem »empathischen Menschen« mehr als einen Menschen, der gut Prognosen über das Verhalten Anderer abgeben kann. Wir verstehen darunter auch mehr als jemanden, der oder die in alle affektiven Regungen in seiner oder ihrer Umgebung direkt mit einstimmt. Vielmehr ist eine empathische Person eine solche, die mit hoher Sensitivität und Sensibilität auf ihre Umwelt reagieren kann, indem sie sich die Situationen des Anderen gut vergegenwärtigt und versucht, die Welt aus dessen Perspektive zu betrachten. Von ethischem Wert ist Empathie in diesem Zusammenhang, weil wir durch diese Fähigkeit erfahren, dass man etwas auch ganz anders sehen kann; Empathie hilft uns, über den Tellerrand zu blicken. Ob und wie das schließlich für unser moralisches Verhalten – zum Beispiel als Grundlage für Respekt und Anerkennung – dient, ist sicherlich ein Forschungsdesiderat, das noch näherer Klärung bedarf. Der zweite Punkt, der hier am Schluss aufgegriffen werden soll, betrifft die *Grenzen* der Empathie: Abgesehen von der im Buch vorgestellten Kritik, die an ein zu stark identifikatorisches Konzept der Empathie herangetragen wird, lassen sich andere Kritikpunkte nennen, welche ein *Zuviel* an Empathie betreffen. Einen davon formuliert die Romanschriftstellerin Inger-Maria Mahlke:

> »Ich finde, bei Empathie oder dem Hineinversetzen gibt es immer die Gefahr, das Eigene in etwas Anderes hineinzulegen. Das finde ich auch übergriffig. Das ist der erste Punkt. Und der zweite Punkt ist, dass das natürlich das Eigene befördert. Ein rein empathischer Zugang zu allem würde auch bedeuten, dass der Zugang immer auf einer Verknüpfung zwischen mir und dem Anderen beruht. Und ich finde, es ist auch wichtig, das Andere als Anderes und als eine abgegrenzte, nicht nachzuvollziehende Einheit stehen zu lassen.« (Mahlke 2018: 83)

Empathie, so kommt hier zum Ausdruck, kann nicht nur als ein Eintreten in die Perspektive der Anderen, sondern auch als ein *Übertreten* verstanden werden: Vielleicht müssen wir nicht alles bei Anderen verstehen; vielleicht sollten wir manchmal auch akzeptieren, dass wir nicht alles nachvollziehen *können*. Die epistemischen und ontologischen Grenzen der Perspektiveneinnahme könnten auch eine ethische Grenze markieren – bis hierhin und nicht weiter. Denn wie wir jeweils individuell die Welt sehen, ist auch Teil unserer Privatsphäre. Eine ähnlich lautende Kritik äußert Fritz Breithaupt, worauf wir schon im Kapitel zur Moral kurz eingegangen sind. In seinem Buch *Die dunklen Seiten der Empathie* zieht Breithaupt die Grenzen der (guten) Empathie dort, wo Empathie bloß einer (moralisch fragwürdigen) Befriedigung der empathisierenden Person oder unmoralischen Zwecken dient.

»Feindliche Verhärtungen bis hin zum Terrorismus, verschiedene Formen der Ausbeutung inklusive des Vampirismus, Schikanierungen und Sadismus, aber auch falsches Mitleid und fortdauernde Unterdrückung gehören zum Spektrum des durch Empathie ermöglichten Verhaltens.« (Breithaupt 2017: 7)

Was Breithaupt hier außerdem anspricht, ist, dass wir auch Falsches oder Schreckliches tun können, *indem* wir empathisch sind. Er benennt folgende Grenzen bzw. Schattenseiten der Empathie (2017: 22f.): Erstens könne Empathie zu einem *Selbstverlust* führen, wenn man sich zu sehr in die Perspektiven Anderer verliere. Zweitens führe sie oft zu einer *Freund-Feind-Dichotomie*, weil wir im Empathisieren mitunter auch Partei für eine Person und gegen eine Andere ergreifen (dazu auch Breithaupt 2009). Drittens komme es manchmal zu einer empathischen *Identifikation* mit den Falschen: statt mit den Leidenden mit ihren Rettern und Helfern. Viertens würden wir den empathisch miterlebten Schmerz Anderer gelegentlich auch *genießen*: Demütigung und Sadismus implizierten ebenfalls Empathie. Eine fünfte Schattenseite nennt Breithaupt *Vampirismus*, den er so beschreibt, dass wir mittels Empathie unser Erleben erweitern wollten und dafür Andere benutzten. Zu all diesen *Verzerrungen* von Empathie ist bisher noch wenig gearbeitet worden und sollte weitere Forschung betrieben werden.

Zuletzt seien noch zwei weitere Forschungsdesiderate angesprochen: Das erste noch näher zu untersuchende Forschungsfeld betrifft das Phänomen der Antipathie. Während es zu Empathie und Sympathie, wie gezeigt wurde, unzählige Debatten und Publikationen gibt, ist zu Antipathie bisher noch sehr wenig erschienen. Antipathie wird häufig als eine spontane Abneigung gegenüber Anderen definiert. Gibt es aber vielleicht auch anspruchsvollere Formen, denen – ähnlich wie bei einem anspruchsvollen Mitleid – eine Empathie vorausgeht? Die Frage, was Antipathie genau ist und wie sie konzeptuell und phänomenologisch mit Empathie und Sympathie zusammenhängt, ist daher auch noch auf anderen Wegen zu beantworten. Das zweite Forschungsdesiderat betrifft die vielleicht eher soziologische und kulturwissenschaftliche Frage nach unterschiedlichen Empathiefähigkeiten je nach kultureller Zugehörigkeit, Gender, Alter oder Zeitgenossenschaft. Empirischen Studien zufolge soll die Empathie im Alter zum Beispiel zunehmen (Herrmann 2019). Ein Allgemeinplatz ist außerdem, dass Frauen empathischer sein sollen als Männer. Kapitalistischen Gesellschaften schreibt man eher einen Kampfeswillen oder, wenn überhaupt, eine strategische Empathie zu. Wie eingangs beschrieben, gehen die Meinungen außerdem auch dahingehend auseinander, ob wir uns eher in einem Zeitalter der Empathie oder der Nicht-Empathie befinden. Das alles scheinen zunächst einmal empirische Annahmen. Eingehende systematische philosophische Untersuchungen stehen hier noch aus. Es sind also noch einige Pfade zu beschreiten. Diese Reise hier ist aber vorerst zu Ende.

Dank

Dieses Buch ist das Resultat einer langjährigen Forschung über Empathie insbesondere im Zusammenhang mit dem Thema »ästhetische Erfahrung«. Die dabei entstandenen Aufsätze, Vorträge und Forschungsprojekte haben den Aufbau, die Struktur und vor allem die Position dieses Buches beeinflusst. Es soll daher in chronologischer Reihenfolge zunächst jenen Personen und Institutionen ein Dank ausgesprochen werden, durch die die Vorarbeiten zu diesem Buch ermöglicht wurden: So wurden Studien und Veröffentlichungen durch die Universität Basel, insbesondere das Philosophische Seminar und den Forschungsfonds für wissenschaftlichen Nachwuchs finanziell und ideell unterstützt. Als prägende Unterstützung sind hier nicht zuletzt Angelika Krebs mit den Teilnehmer*innen ihres Kolloquiums (vor allem Alexander Fischer, Jan Müller, Hubert Schnüriger, Martin Wettstein) zu nennen, außerdem Markus Wild, der mich stets mit Rat und Tat unterstützt hat, sowie Manuela Rossi und die unter anderem von ihr organisierte Konferenz *Empathies* im Sommer 2017 in Basel. Während eines Fellowships am Internationalen Kolleg für Kulturtechnikforschung und Medienphilosophie (IKKM) an der Bauhaus-Universität Weimar wurden Studien zu Empathie, Resonanz und Stimmungen durchgeführt. Die Fertigstellung des Buches wurde während eines zehnmonatigen Fellowships am Kulturwissenschaftlichen Kolleg (KuKo) der Universität Konstanz ermöglicht. Hier danke ich neben anderen (siehe unten) den Hilfskräften Paul Heinrich und Alexander Pöschl. Ferner hat die

Basler Freiwillige Akademische Gesellschaft (FAG) kürzere Forschungsaufenthalte durch Reisestipendien unterstützt. Ferner danke ich der Akademie der Wissenschaften und der Literatur | Mainz für die Unterstützung eines Workshops.

Mich haben auf meinem forschenden und privaten Empathie-Weg außerdem weitere Kolleg*innen und Freund*innen begleitet, die einen intensiver, die anderen subtiler, die einen kritisch, die anderen affirmativ. An dieser Stelle möchte ich nun all jenen danken, die mich auf meinem Weg geprägt haben, mich herausgefordert haben mit divergierenden Überzeugungen, die Texte von mir gegengelesen, Vorträge gehört, meine Position kritisiert oder bestätigt, Hinweise geschickt und/oder die mich auch im privaten Leben in meiner ganz persönlichen Forschung der Empathie »in guten wie in schlechten Zeiten« unterstützt und geprägt haben. Zunächst in alphabetischer Reihenfolge:

Aleida Assmann, Monika Betzler, Robert Blanchet, Hanja Blendin, Fritz Breithaupt, Thiemo Breyer, Tobias Döring, Eva-Maria Engelen, Özkan Ezli, Franziska Felder, Julia Fuchs, Gottfried Gabriel, Thomas Gassmann, Anna Goppel, Federica Gregoratto, Oliver Jungen, Suzanne Keen, Eline Keller-Sörensen, Gertrud Koch, Angelika Krebs, Albrecht Koschorke, Catrin Misselhorn, Christopher Möllmann, Markus Rieger-Ladich, Arnd Pollmann, Dana Ostwald, Ursula Portmann, Heinz Rasched, Matthias Schloßberger, Dieter Schönecker, Peter Stamm, Thomas Szanto, Dieter Thomä, Ingrid Vendrell Ferran, Karen van den Berg, Jörg Volbers, Christiane Voss, Miriam Wagner, Christina Wald, Gabriella Weber, Eva Weber-Guskar. Zuletzt nennt man üblicherweise die wichtigsten Personen, und auch wenn in den Reihen der zuvor Genannten schon unschätzbar wichtige Personen dabei sind, gibt es doch noch jene, die mein privates und berufliches Leben außerdem stark geprägt haben und prägen. In diesem Sinne möchte ich meiner Mutter, Evelyn, meinem schon vor langer Zeit verstorbenen Vater, Paul, und meinen Geschwistern Petra, Klaus und Guido danken, dass sie mich zu einem Menschen herangezogen haben, dem Empathie und die Perspektiven Anderer ein Anliegen ist. Außerdem danke ich meinem langjährigen Freund Sascha Becker, der mich stets empathisch und mit großem Verständnis unterstützt hat, sowie seiner Mutter Elisabeth. Und schließlich möchte ich meinem Mann, Frank Hesse, danken, der mir mit so viel Liebe, Zeit und Tat den Rücken stärkt und meiner Sicht, die Welt zu sehen, derart offenherzig, verständnisvoll und gelassen gegenübertritt, dass dies eine zwischenmenschliche Empathie noch übersteigt. Ihm sowie unseren Kindern gilt mein größter Dank.

Zuletzt möchte ich dem Verlag und seinem Verleger Steffen Herrmann für seine Geduld und hilfreiche Lektüre danken.

Anmerkungen

1 Im Folgenden verwende ich die Begriffe »Emotionen« und »Gefühle« synonym für *komplexe* affektive Zustände und Prozesse wie Freude, Zuversicht, Hoffnung, Furcht, Eifersucht, Neid, Zorn u.a. Vgl. genauer dazu Kap. I.3.

2 Der englische Psychologe Edward Titchener (1867–1927) übersetzte seinen Begriff 1909 zu »empathy«; von dort aus gelangte der Begriff dann als »Empathie« wieder in den deutschen Sprachschatz (Curtis 2009; Stueber 2008).

3 Einige verstehen »sympathisieren« im Anschluss an Herder, Smith oder Scheler darüber hinaus aber auch weiter, nicht nur im Sinne eines Mitleids, sondern auch im Sinne eines Miteinanderfühlens, bei dem ein homologes Fühlen eine notwendige Bedingung darstellt (Krebs 2015; Thomä 2016).

4 Matthias Schloßberger zeigt, wie wichtig die Arbeiten Diltheys für die spätere Anthropologie Max Schelers und Helmuth Plessners waren: Schloßbergern 2019.

5 Sehr gute Darstellungen von Steins Empathie-Theorie finden sich in Thompson 2007 und Szanto/Moran i.E.

6 Dieter Thomä erläutert einen solch weiten Sympathiebegriff auch anhand von Johann Gottfried Herder und dessen Begriff des Teilnehmens, vgl. Thomä 2011: 18.

7 Nicht so allerdings der Theorie Theoretiker Peter Carruthers, der von einer zweitpersonal-perspektivischen Interaktion schreibt, vgl. Carruthers 2009.

8 Zum »Geist der Tiere« ist die Einführung von Markus Wild *Tierphilosophie* (2008) zu empfehlen, zum Mensch-Tier-Verhältnis aus ethischer Perspektive die Einführung *Tierethik* von Herwig Grimm und Markus Wild (2016).

9 Es hat sich in der Tierethik eingebürgert, von menschlichen und nicht-menschlichen Tieren zu sprechen, den Menschen also auch als Tier zu bezeichnen und damit Mensch und Tier als eine Gruppe zusammenzufassen.

10 Auch hier herrscht in der Diskussion keine Einigkeit in der Begriffsverwendung; was Gruen Empathie nennt, bezeichnen andere als sympathetische Teilhabe und Mitgefühl (Thomä 2016).

Literaturverzeichnis

Batson, Daniel C. (2009): »These Things Called Empathy: Eight Related but Distinct Phenomena«, in: The Social Neuroscience of Empathy, hrsg. von Jean Decety und William Ickes, Cambridge/Mass.: MIT Press, S. 3–16.

Batson, Daniel C./Early, Shannon/Salvarani, Giovanni (1997): »Perspective Taking: Imagining How Another Feels Versus How You Would Feel«, in: Personality and Social Psychology Bulletin, 23 (7), S. 751–758.

Batson, Daniel C./Batson, Judy G. et al. (1991): »Empathic joy and the empathy-altruism hypothesis«, in: Journal of Personality and Social Psychology, 61 (3), S. 413–426.

Batson, Daniel C./Fultz, Jim/Schoenrade, Patricia A. (1987): »Distress and Empathy: Two Qualitatively Distinct Vicarious Emotions with Different Motivational Consequences«, in: Journal of Personality, 55 (1), S. 19–39.

Bentham, Jeremy (1996): An introduction to the principles of morals and legislation, Oxford: Clarendon Press.

Ben Ze'ev, Aaron (2009): Die Logik der Gefühle. Kritik der emotionalen Intelligenz, Frankfurt am Main: Suhrkamp.

Betzler, Monika (2019): »The Relational Value of Empathy«, in: International Journal of Philosophical Studies, 27:2, 136-161, DOI: 10.1080/09672559.2019.1598081.

Bloom, Paul (2016): Against Empathy. The Case for Rational Compassion, New York: Ecco Press.

Bordwell, David (1985): Narration in the Fiction Film, London: Methuen Cop.

Breithaupt, Fritz (2009): Kulturen der Empathie, Frankfurt/Main: Suhrkamp.

Breithaupt, Fritz (2017): Die dunklen Seiten der Empathie, Berlin: Suhrkamp.

Breyer, Thiemo (2015a): »Der Mensch im Spiegel des Anderen«, in: Orientierung am Menschen. Anthropologische Konzeptionen und normative Perspektiven, hrsg. von Oliver Müller, Göttingen: Wallstein, S. 275–303.

Breyer, Thiemo (2015b): Verkörperte Intersubjektivität und Empathie. Philosophisch-anthropologische Untersuchungen, Frankfurt am Main: Vittorio Klostermann.

Brinckmann, Christine N. (1999): »Somatische Empathie bei Hitchcock. Eine Skizze«, in: Der Körper im Bild: Schauspielen – Darstellen – Erscheinen, hrsg. von Heinz Heller, Karl Prümm, Birgit Peulings, Marburg: Schüren, S. 111–120.

Camus, Albert (1961): Der Fremde, Reinbek bei Hamburg: Rowohlt.

Carroll, Noël (2011): »On Some Affective Relations between Audiences and the Characters in Popular Fictions«, in: Empathy: Philosophical and Psychological Perspectives, hrsg. von Amy Coplan und Peter Goldie, Oxford: Oxford University Press, S. 162–184.

Carroll, Noël (1998): A Philosophy of Mass Art, Oxford: Clarendon Press.

Carroll, Noël (1990): The Philosophy of Horror: Or Paradoxes of the Heart, New York: Routledge.

Carruthers, Peter (2009): »Mindreading underlies metacognition«, in: Behavioral and Brain Sciences 32 (2), S. 164–176.

Cochrane, Tom/Fantini, Bernardino/Scherer, Klaus R. (2013): The Emotional Power of Music. Multidisciplinary perspectives on musical arousal, expression, and social control, New York: Oxford University Press.

Coetzee, J.M. (2000): Das Leben der Tiere, Frankfurt am Main: S. Fischer.

Colombetti, Giovanna (2014): The Feeling Body. Affective Science Meets the Enactive Mind, Cambridge/Mass. [u.a.]: The MIT Press.

Coplan, Amy (2011): »Understanding Empathy. Its Features and Effects«, in: Empathy: Philosophical and Psychological Perspectives, hrsg. von Amy Coplan und Peter Goldie, Oxford: Oxford University Press, S. 3–18.

Cuff, Benjamin M./Brown, Sarah J./Taylor, Laura/Howat, Douglas (2016): »Empathy: A Review of the Concept«, in: Emotion Review 8: 144–153. doi:10.1177/1754073914558466.

Currie, Gregory (2016): »Does Fiction Make Us Less Empathic?«, in: Teorema, 35 (3), S. 47–68.

Currie, Gregory (2004): Arts and Minds, Oxford: Clarendon Press.

Currie, Gregory (1995): Image and Mind: Film, Philosophy, and Cognitive Science, Cambridge University Press.

Curtis, Robin/Koch, Gertrud (Hg.) (2009): Einfühlung. Zur Geschichte und Gegenwart eines ästhetischen Konzepts, Paderborn: Wilhelm Fink.

Darwall, Stephen (1998): »Empathy, Sympathy, and Care«, in: Philosophical Studies 89, S. 261–282.

Deines, Stefan/Liptow, Jasper/Seel, Martin (2013): Kunst und Erfahrung: Beiträge zu einer philosophischen Kontroverse, Berlin: Suhrkamp.

De Vignemont, Frédérique/Jacob, Pierre (2012): »What Is It like to Feel Another's Pain?«, in: Philosophy of Science 79 (2), S. 295–316.

De Waal, Frans (2009): Das Prinzip der Empathie. Was wir von der Natur für eine bessere Gesellschaft lernen können, München: Carl Hanser.

Diamond, Cora (2012): Menschen, Tiere und Begriffe. Aufsätze zur Moralphilosophie, Berlin: Suhrkamp.

Dilthey, Wilhelm (1970): Der Aufbau der geschichtlichen Welt in den Geisteswissenschaften, Frankfurt am Main: Suhrkamp.

Dilthey, Wilhelm (1924): Die geistige Welt: Einleitung in die Philosophie des Lebens, in: Ders.: Gesammelte Scjriften, Band 5, Leipzig: Teubner.

Di Pellegrino, Giuseppe/Fadiga, Luciano/Fogassi, Leonardo /Gallese, Vittorio/Rizzolatti, Giacomo (1992): »Understanding motor events: a neurophysiological study«, in: Experimental Brain Research 91 (1), S. 176-180.

Fingerhut, Jörg/Hufendiek, Rebekka/Wild, Markus (Hg.) (2013): Philosophie der Verkörperung. Grundlagentexte zu einer aktuellen Debatte, Berlin: Suhrkamp.

Forst, Rainer (2003): Toleranz im Konflikt. Geschichte, Gehalt und Gegenwart eines umstrittenen Begriffs, Frankfurt am Main: Suhrkamp.

Fuchs, Thomas (2014): »Verkörperte Emotionen – Wie Gefühl und Leib zusammenhängen«, in: Psychologische Medizin, 25, S. 13–20.

Gabriel, Gottfried (2013): Logik und Rhetorik der Erkenntnis. Zum Verhältnis von wissenschaftlicher und ästhetischer Weltauffassung, 2., durchgesehene Aufl., Münster: Mentis.

Gallagher, Shaun (2017): »Empathy and theories of direct perception«, in: The Routledge Handbook of Philosophy of Empathy, hrsg. v. Heidi Maibom, London/New York: Routledge, S. 158–168.

Gallagher, Shaun (2012): »Empathy, simulation and narrative«, in: Science in Context 2 5(3), S. 301–327.

Gallagher, Shaun/Hutto, Daniel D. (2008): »Understanding Others Through Primary Interaction and Narrative Practice«, in: The Shared Mind: Perspectives on Intersubjectivity, hrsg. von J. Zlatev, T. Racine, C. Sinha, und E. Itkonen, Amsterdam/Philadelphia: John Benjamins Publishing Company, S. 17–38.

Gallagher, Shaun/Gallagher, Julia (2019): »Acting Oneself as Another: An Actor's Empathy for her Character«, in: Topoi, S. 1–12.

Gallese, Vittorio (2003): »The Roots of Empathy: The Shared Manifold Hypothesis and the Neural Basis of Intersubjectivity«, in: Psychopathology 36, S. 171–180.

Gallese, Vittorio (2001): »The ›Shared Manifold‹ Hypothesis: From Mirror Neurons To Empathy«, in: Journal of Consciousness Studies 8 (5–7), S. 33–50.

Gallese, Vittorio/Goldman, Alvin (1998): »Mirror neurons and the simulation theory of mind-reading«, in: Trends in Cognitive Science 2 (12), S. 493–501.

Goldie, Peter (2000): The Emotions: A Philosophical Exploration, Oxford: Clarendon Press.

Goldie, Peter (2012): The Mess Inside: Narrative, Emotion, & the Mind, Oxford: Oxford University Press.

Goldman, Alvin I. (2011): »Two Routes to Empathy. Insights from Cognitive Neuroscience«, in: Empathy: Philosophical and Psychological Perspectives, hrsg. von Amy Coplan und Peter Goldie, Oxford: Oxford University Press, S. 31–44.

Goldman, Alvin I. (2006): Simulating Minds: The Philosophy, Psychology, and Neuroscience of Mindreading, Oxford/New York: Oxford University Press.

Grimm, Herwig/Wild, Markus (2016): Tierethik zur Einführung, Hamburg: Junius.

Gruen, Lori (²2015): »Sich Tieren zuwenden: Empathischer Umgang mit der mehr als menschlichen Welt«, in: Tierethik. Grundlagentexte, hrsg. von Friederike Schmitz, Berlin: Suhrkamp, S. 390–404.
Hagener, Malte/Vendrell Ferran, Ingrid (Hg.) (2017): Empathie im Film. Perspektiven der Ästhetischen Theorie, Phänomenologie und Analytischen Philosophie, Bielefeld: Transcript.
Hartmann, Martin (2013): »Warum ich nicht fühle, was du fühlst. Empathie, Sympathie und die Logik des sozialen Vergleichs«, in: Wahrnehmen, Fühlen, Handeln. Phänomenologie im Wettstreit der Methoden, hrsg. von Ingo Günzler u. Karl Mertens, Münster: Mentis, S. 217–231.
Hartmann, Martin (2005): Gefühle. Wie die Wissenschaften sie erklären, Frankfurt am Main: Campus.
Hatfield, Elaine/Cacioppo, John T./Rapson, Richard L. (1992): »Primitive Emotional Contagion«, in: Emotion and Social Behavior, hrsg. von Margaret S. Clark, Thousand Oaks, CA, Sage Publications, S. 151–177.
Herrmann, Sebastian (2019): »Einfühlsame Senioren. Nimmt die Fähigkeit zu Empathie mit dem Alter zu?«, in: Süddeutsche Zeitung, Nr. 122, S. 16.
Hickok, Gregory (2015): Warum wir verstehen, was andere fühlen: Der Mythos der Spiegelneuronen, München: Hanser.
Hilgers, Thomas/Koch, Gertrud (Hg.) (2017): Perspektive und Fiktion, Paderborn: Wilhelm Fink.
Hume, David (1978): Ein Traktat über die menschliche Natur: In zwei Bänden, Hamburg: Meiner.
Hutto, Daniel D. (2007): »The Narrative Practice Hypothesis: Origins and Applications of Folkpsychology«, in: Royal Institute of Philosophy Supplement 60, S. 43–68.
Husserl, Edmund (1952): Ideen zu einer reinen Phänomenologie und phänomenologischen Philosophie II: Phänomenologische Untersuchungen zur Konstitution, Den Haag: Nijhoff.
Iacobini, Marco (2009): Woher wir wissen, was andere denken und fühlen: Die neue Wissenschaft der Spiegelneuronen, München: DVA.
Jacob, Pierre (2011): »The Direct-Perception Model of Empathy: a Critique«, in: Review of Philosophy and Psychology 2, S. 519–540.
James, William (1884): »What is an Emotion?«, in: Mind 9 (34), S. 188–205.

Jamison, Leslie (2014): Die Empathie-Tests. Über Einfühlung und das Leiden anderer, München: Hanser.
Joas, Hans (1985): Das Problem der Intersubjektivität: Neuere Beiträge zum Werk George Herbert Meads, Frankfurt am Main: Suhrkamp.
Kasparov, Garry (2017): Deep Thinking: Where Machine Intelligence Ends and Human Creativity Begins, Hachette/UK: John Murray Publishers.
Keysers, Christian (2011): Unser empathisches Gehirn, München: C. Bertelsmann.
Klimecki, Olga M./Singer, Tania (2014): »Empathy and compassion«, in: Current Biology 24 (8), S. 875–878.
Koch, Gertrud (2016): Die Wiederkehr der Illusion. Der Film und die Kunst der Gegenwart, Berlin: Suhrkamp.
Koopman, Emy (2015): »Empathic Reactions After Reading: The Role of Genre, Personal Factors and Affective Responses«, in: Poetics 50, S. 62–79.
Küpper, Joachim/Menke, Christoph (²2016): Dimensionen ästhetischer Erfahrung, Frankfurt am Main: Suhrkamp.
Krebs, Angelika (2015): Zwischen Ich und Du. Eine dialogische Philosophie der Liebe, Berlin: Suhrkamp.
Krebs, Angelika (2009): »›Wie ein Bogenstrich, der aus zwei Saiten eine Stimme zieht‹. Eine dialogische Philosophie der Liebe«, in: Deutsche Zeitschrift für Philosophie 57 (5), S. 729–743.
Liao, Shen-yi/Gendler, Tamar (2019): »Imagination«, in: The Stanford Encyclopedia of Philosophy (Spring 2019 Edition), hrsg. von Edward N. Zalta, (unter_ https://plato.stanford.edu/archives/spr2019/entries/imagination/).
Lipps, Theodor (1907): »Das Wissen von Fremden Ichen«, in: ders.: Philosophische Untersuchungen, Leipzig: Engelmann.
Lipps, Theodor (1909): Leitfaden der Psychologie, Leipzig: Engelmann.
Lipps, Theodor (1903): Grundlegung der Ästhetik, Hamburg: Voss.
MacDorman, K. F. (2005): Mortality salience and the uncanny valley, international conference on humanoid robots, Tsukuba, Japan. doi: 10.1109/ICHR.2005.1573600.
Mahlke, Inger-Maria (2018): »Möglichkeiten und Grenzen der Empathieerzeugung – Podiumsdiskussion«, in: Variationen des Mitfühlens: Em-

pathie in Musik, Literatur, Film und Sprache, hrsg. von S. Schmetkamp, M. Zorn, Stuttgart: Franz Steiner.
Maibom, Heidi (Hg.) (2017): »Introduction to Philosophy of Empathy«, in: The Routledge Handbook of Philosophy of Empathy, New York: Routledge.
Merleau-Ponty, Maurice (1976): Die Struktur des Verhaltens, Berlin/New York: Walter De Gruyter.
Moran, Richard (1994): »The Expression of Feeling in Imagination«, in: The Philosophical Review 103 (1), S. 75–106.
Morsch, Thomas (2011): Medienästhetik des Films. Verkörperte Wahrnehmung und ästhetische Erfahrung im Kino, Paderborn: Wilhelm Fink.
Misselhorn, Catrin (2018): Grundlagen der Maschinenethik, Stuttgart: Reclam.
Misselhorn, Catrin (2014): »Die neue Moralismusdebatte: Begriffe – Thesen – Argumente«, in: Gut und Schön? Die neue Moralismusdebatte am Beispiel Dostoevskijs, hrsg. von Catrin Misselhorn, Schamma Schahadat, Irina Wutsdorff und Sabine A. Döring, Paderborn: Wilhelm Fink, S. 25–57.
Misselhorn, Catrin (2009): »Empathy with Inanimate Objects and the Uncanny Valley«, in: Minds and Machines 19 (3): 345–59.
Mulvey, Laura (1975): »Visual Pleasure and Narrative Cinema«, in: Screen 16 (3), S. 6–18.
Nagel, Thomas (1996): Letzte Fragen, Darmstadt: Wissenschaftliche Buchgesellschaft.
Nanay, Bence (2016): Aesthetics as Philosophy of Perception, Oxford: Oxford University Press.
Newen, Albert (2015): »Understanding Others. The Person Model Theory«, in: Open MIND 26 (T), hrsg. von Thomas Metzinger/J.M. Windt, Frankfurt am Main.
Nussbaum, Martha Craven (2001): Upheavals of Thought. The Intelligence of Emotions, Cambridge [u.a.]: Cambridge University Press.
Nussbaum, Martha Craven (1990): Love's Knowledge. Essays on Philosophy and Literature, New York [u.a.]: Oxford University Press.
Plantinga, Carl (2009): Moving Viewers. American Film and the Spectator's Experience, Berkeley/L.A./London: University of California Press.

Preston, Stephanie/de Waal, Frans (2002): »Empathy: Its Ultimate and Proximate Bases«, in: Behavioral and Brain Sciences, 25 (1), S. 1–20.
Rifkin, Jeremy (2010): Die empathische Zivilisation. Wege zu einem globalen Bewusstsein, Frankfurt am Main: Campus.
Robinson, Jenefer (2012): »On Being Moved by Architecture«, in: Journal of Aesthetics and Art Criticism 70 (4), S. 337–353.
Röska-Hardy Louise (2009): »Theory Theory (Simulation Theory, Theory of Mind)«, in: Encyclopedia of Neuroscience, hrsg. von Marc D. Binder, Nobutaka Hirokawa, Uwe Windhorst, Berlin/Heidelberg: Springer, S. 4064–4067.
Rorty, Richard ([2]2016): »Der Roman als Mittel zur Erlösung aus der Selbstbezogenheit«, in: Dimensionen ästhetischer Erfahrung, hrsg. von Joachim Küpper und Christoph Menke, Berlin: Suhrkamp.
Roughley, Neil/Schramme, Thomas (2018): Empathy, Sympathy, Concern and Moral Agency, Cambridge: Cambridge University Press.
Scheler, Max (1948): Wesen und Formen der Sympathie, Frankfurt: Schulte-Blumke.
Schloßberger, Matthias (2005): Die Erfahrung des Anderen. Gefühle im menschlichen Miteinander, Berlin: Akademie.
Schloßberger, Matthias (2019): Phänomenologie der Normativität. Entwurf einer materialen Anthropologie, Basel: Schwabe.
Schmetkamp, Susanne (2019): »Ästhetische Erfahrung als Perspektivenwechsel«, in: Allgemeine Zeitschrift für Philosophie 44 (3), S. 275-296.
Schmetkamp, Susanne (2017a): »Gaining perspectives on our life: moods and aesthetic experience«, in: Philosophia, 45 (4), S. 1681–1695.
Schmetkamp, Susanne (2017b): »Perspektive und empathische Resonanz: Vergegenwärtigung anderer Sichtweisen«, in: Empathie im Film. Perspektiven der Ästhetischen Theorie, Phänomenologie und Analytischen Philosophie, hrsg. von Malte Hagener, Íngrid Vendrell Ferran, Bielefeld: Transcript, S. 133–166.
Schmetkamp, Susanne (2016) : »Bis hierhin und nicht Whiter!? Moralische Ambivalenzen und Perspektivenverschiebungen«, in: Ambivalenzwucherungen. Breaking Bad aus bildungs-, kultur- und sozialwissenschaftlichen Blickwinkeln, hrsg. von Mark Arenhövel, Anja Besand und Olaf Sanders, Köln: von Halem, S. 100–123.
Schmetkamp, Susanne/Vendrell Ferran, Íngrid (2019): »Introduction: Empathy, Fiction, and Imagination«, in: Topoi, Special Issue (i.E.).

Schmetkamp, Susanne/Zorn, Magdalena (Hg.) (2018): Variationen des Mitfühlens: Empathie in Musik, Literatur, Film und Sprache, Stuttgart: Franz Steiner.
Schmitz, Hermann (2007): Der Leib, der Raum und die Gefühle (Edition Sirius), 2. aktualisierte Neuauflage, Bielefeld/Locarno: Aisthesis.
Scruton, Roger (1997): The Aesthetics of Music, Oxford [u.a.]: Clarendon Press.
Smith, Adam (2010): Theorie der ethischen Gefühle, Hamburg: Felix Meiner.
Smith, Murray Stuart (1995): Engaging Characters. Fiction, Emotion, and the Cinema, Oxford: Clarendon Press.
Sobchak, Vivian (2004): Carnal Thoughts: Embodiment and Moving Image Culture, Berkeley/Los Angeles/London: University of California Press.
Solomon, Robert (1976): The Passions. Emotions and the Meaning of Life, Notre Dame: University of Notre Dame Press.
Strub, Christian (2012): »Smith: Sympathie, moralisches Urteil und Interesselosigkeit«, in: Handbuch Klassische Emotionstheorien. Von Platon bis Wittgenstein, hg. von Hilge Landweer und Ursula Renz, Berlin: Walther DeGruyter, S. 413–434.
Stueber, Karsten R. (2006): Rediscovering Empathy. Agency, Folk Psychology, and the Human Sciences, Cambridge/MA/London: MIT Press.
Stueber, Karsten R. (2017): »Fremdverstehen und Fremdbewerten. Zur epistemischen und moralischen Relevanz der Empathie«, in: Information Philosophie Heft 2, S. 18–35.
Szanto, Thomas/Moran, Dermot (i.E.): »Edith Stein«, in: Stanford Encyclopedia of Philosophy, hrsg. von Edward N. Zalta.
Szanto, Thomas/Jardine, James (2017): »Empathy in the phenomenological tradition«, in: The Routledge Handbook of Philosophy of Empathy, hrsg. von Heidi L. Maibom, London/New York: Routledge, S. 86–97.
Szanto, Thomas/Krueger, Joel (2019): Introduction: Empathy, Shared Emotions, and Social Identity, in: Topoi 38 (1), S. 153–162.
Thomä, Dieter (2016): »Synergie und Sympathie. Eine sozialphilosophische Skizze«, in: Synergie. Kultur und Wissensgeschichte einer Denkfigur, hrsg. von Tatjana Petzer und Stephan Steiner, Paderborn: Wilhelm Fink, S. 111–128.

Thomä, Dieter (2011): »Leben als Teilnehmen: Überlegungen im Anschluss an Johann Gottfried Herder«, in: Deutsche Zeitschrift für Philosophie 59 (1), S. 5–32.
Thompson, Evan (2007): Mind and Life. Biology, Phenomenology, and the Sciences of Mind, Cambridge/MA & London, Harvard University Press.
Vaage, Margrethe Bruun (2007): »Empathie. Zur episodischen Struktur der Teilhabe am Spielfilm«, in: montage/av (Figur und Perspektive 2), S. 101–120.
Vendrell Ferran, Íngrid (2018): Die Vielfalt der Erkenntnis. Eine Analyse des kognitiven Werts der Literatur, Paderborn: Mentis.
Vendrell Ferran, Íngrid (2008): Die Emotionen. Gefühle in der realistischen Phänomenologie, Berlin: Akademie.
Voss, Christiane (2013): Der Leihkörper. Erkenntnis und Ästhetik der Illusion, München: Wilhelm Fink.
Voss, Christiane (2009): »Einfühlung als epistemische und ästhetische Kategorie bei Hume und Lipps«, in: Einfühlung. Zu Geschichte und Gegenwart eines ästhetischen Konzepts, hrsg. von Robin Curtis und Gertrud Koch, Paderborn/München: Wilhelm Fink, S. 31–47.
Voss, Christiane (2008): »Fiktionale Immersion«, in: Montage AV (17/2/2008), S. 69–86.
Voss, Christiane (2004): Narrative Emotionen. Eine Untersuchung über Möglichkeiten und Grenzen philosophischer Emotionstheorien, Berlin/New York: De Gruyter.
Wettstein, Adrian (2015): Fiktive Geschichten – Echte Emotionen. Der Einfluss von Romanen auf das Gefühlsleben, Münster: Mentis.
Wild, Markus (2008): Tierphilosophie zur Einführung, Hamburg: Junius.
Wittgenstein, Ludwig (1982): Bemerkungen über die Philosophie der Psychologie. Schriften Bd, 8. hrsg. von Gertrude Elizabeth Margaret Anscombe, Georg Henrik Wright, Heikki Nyman, Frankfurt am Main: Suhrkamp.
Yanal, Robert J. (1999): Paradoxes of Emotion and Fiction, Pennsylvania: Pennsylvania University Press.
Zahavi, Dan (2014): Self and Other. Exploring Subjectivity, Empathy, and Shame, Oxford: Oxford University Press.
Zahavi, Dan (2011): »Empathy and Direct Social Perception: A Phenomenological Proposal«, in: Review of Philosophy and Psychology 2, S. 541–558.

Zahavi, Dan/Michael, John (2018): »Beyond Mirroring: 4E Perspectives on Empathy«, in: The Oxford Handbook of 4E Cognition, hrsg. von Albert Newen, Leon De Bruin, Shaun Gallagher, S. 589–606.
Zahavi, Dan/Overgaard, Søren (2012): »Empathy without Isomorphism: A Phenomenological Account«, in: Empathy: From Bench to Bedside, hrsg. von Jean Decety, Cambridge/Mass.: MIT Press, S. 3–20.

Personenregister

Sachregister

Susanne Schmetkamp ist promovierte Philosophin. Sie forscht an der Universität Fribourg mit einem SNF-PRIMA Projekt zur »Ästhetik und Ethik der Aufmerksamkeit« und ist externe Dozentin an der Universität St. Gallen. Buchpublikationen u.a.: *Respekt und Anerkennung*, Münster 2012; *Variationen des Mitfühlens: Empathie in Musik, Literatur, Film und Sprache*, Stuttgart 2018 (zus. m. M. Zorn)